Zauberhafte Josefstadt

Maria Kinz

Zauberhafte Josefstadt

J&V

Wir danken dem Bezirksmuseum Josefstadt und insbesondere seinem Leiter, Prof. Ludwig Sackmauer, für die Überlassung des Großteils der in diesem Buch reproduzierten Bilder.

2. Auflage 1990

ISBN 3-224-16107-8 Jugend und Volk Wien

Satz: Leingärtner, Nabburg
Druck: Luigard, Wien
Bindung: Wiener Verlag, Himberg

Inhalt

Nichts als Weingärten und Felder

Das barocke Wien äußerte seine Lebensfreude in prunkvollen Festen, neuer Kunstentfaltung und überaus intensiver Bautätigkeit. Der endgültige Sieg über die Türken weckte in den Menschen ein neues Lebensgefühl. In dieser Zeit beginnt die Geschichte der Vorstadt Josefstadt.

Als wirtschaftlich genutzter Raum ist das Gebiet zwischen dem alten Vorort Hernals und der Stadtmauer, in dem diese Vorstadt entstand, allerdings bis in die Römerzeit nachweisbar, und die im Mittelalter begonnenen Gewährs-(Grund-)bücher und Urbarien gaben späteren Generationen wertvolle Informationen über Besitzverhältnisse und Arealsbezeichnungen, durch die der Name einzelner Gegenden erklärbar wurde.

Ursprünglich dominierten die Weingärten. Die Rieden auf den Hängen des zwischen Alserbach und Ottakringer Bach gelegenen breiten Höhenrückens garantierten durch Lößboden und günstige Sonneneinstrahlung ertragreiche Ernten. Erst später setzte die Bebauung der nach Lüssen erschlossenen Äcker (in Dreifelderwirtschaft) ein. Der Rest des Areals bestand aus Wiesen und kleinen Wäldchen. Ein paar Hohlwege (als »Vorläufer« der späteren wichtigen Straßen wie der Josefstädter Straße oder Florianigasse) zogen sich durch die Landschaft, die keine mittelalterlichen Ortsformen aufzuweisen hatte, weil sie schwach besiedelt war. Abgesehen von ein paar Weinhüterhütten standen hier nur zwei »Gewähre« (feste Häuser): der »Rottenhof« (Rodenhof) im Buchfeld nahe dem Glacis, und die »Trausenitmühle« an der Als, nächst dem Schottentor.

Der 1160 in einer Dotationsurkunde erstmals genannte »Rottenhof« gehörte dem Schottenkloster, dem ältesten und größten Grundbesitzer des gesamten Raumes, das auch die Grundherrlichkeit besaß.

Ende des 15. Jahrhunderts war der bisherige Guts-, später auch Freihof in Privatbesitz übergegangen. 1700 verkaufte sein letzter Besitzer, Hyppolith Marchese Malaspina – er gilt als Begründer der Josefstadt – den Hof um 95 Rheinische Gulden und 1000 Dukaten an die Gemeinde Wien.

Die sagenumwobene »Trausenitmühle« wird erstmals in einem

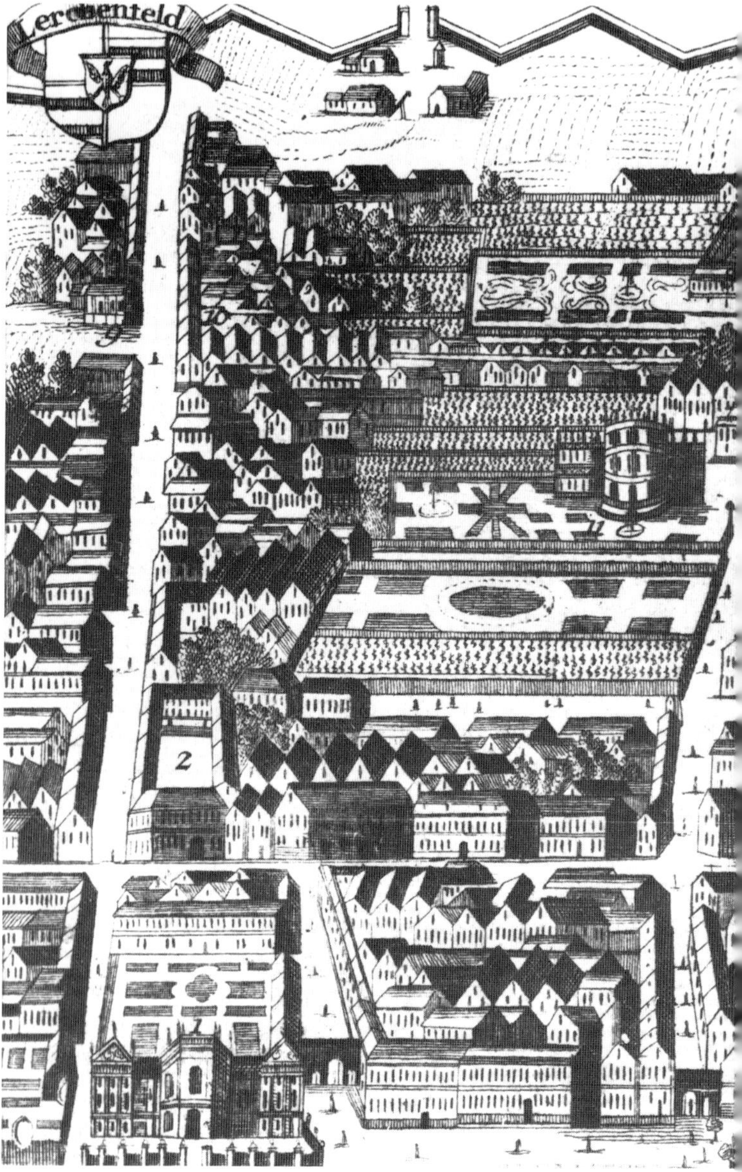

Aus »Lustra decem Coronae Viennensis …«, 1734:

Vogelschau der Vorstadt Josefstadt.

Kaufvertrag 1423 beurkundet; möglicherweise existierte sie schon früher, wie auch der Name »Trausenit« ab Mitte des 14. Jahrhunderts nachweisbar, schon vor dieser Zeit bekannt gewesen sein soll.
In dem berühmten Rundblick vom Stephansturm von Niklas Meldemann aus der Zeit der ersten Türkenbelagerung ist die Mühle »pey der pleychwiesen« eingezeichnet (die Lage entspricht etwa der Kreuzung Koch- und Skodagasse – Alser Straße). In den Verträgen wird die Mühle samt Umgebung verschiedentlich angeführt: »... eine mul, mit den velbern (Weiden) auf demselben grund ...«, »... mit einer wiesen, darauf man jetzt pleicht« ... »oder »an der alzz, so hinder sand ullreich gelegen ...«
Die Mühle, die zeitweilig auch eine gefürchtete Räuberspelunke gewesen sein soll, brannte während der Kämpfe 1529 völlig ab und wurde nicht mehr aufgebaut.
Die größte Fläche der späteren Josefstadt nahm das Lerchenfeld (larochveldt) ein. Es zog sich am linken Ufer des Ottakringer Baches entlang bis nach Ottakring und reichte nordwestlich bis in die Gegend der heutigen Florianigasse. Bei der Errichtung des Linienwalles wurde das Lerchenfeld in »Alt-« (Josefstadt) und »Neulerchenfeld« (Ottakring) geteilt.
Verschiedene Flurnamen, wie »Hinteres Lerchenfeld, das auch plaich oder in den Neuen Sätzen genannt wird«, oder »Dürres Lerchenfeld« lassen spezifische Arealsbezeichnungen erkennen.
Schon 1337 hatte der kaiserliche Hof einen Teil des »Lerchenfeldes nächst dem puchfeld« für Jagdzwecke angekauft; in diesem Terrain mit einem Buchenwäldchen soll es reichlich Niederwild gegeben haben. Ende des 16. Jahrhunderts wurde das Buchenwäldchen, das nahe dem Rottenhof lag, Schauplatz blutiger und auch tödlicher »Affairen« – Wiesen und Wald boten die entsprechende Szenerie für einen Duellplatz.
Anfangs waren »Satisfaktionen« nur zwischen Adeligen erlaubt, später, als eine Art »Duellwut« einsetzte, konnten auch Bürgerliche – es waren vor allem Studenten – hier ihre Ehrenhändel austragen. Das erste überlieferte und geschichtlich bekannte Duell in Wien fand im August 1580 statt; eine Auseinandersetzung zwischen dem Baukommissarius und Hofkriegsrat

Niklas Graf Salm (Enkel des berühmten Verteidigers von Wien gegen die Türken im Jahre 1529) und dem böhmischen Adeligen Otto von Puchomirz, deren Ausgang nicht bekannt wurde.
Das »Burgfeld«, später »Puchfeld« genannt, umfaßte das Terrain zwischen dem Schotten- und dem Burgtor. Ein schmaler Streifen entlang des Ottakringer Baches hieß »Oberes Puchfeld«.
»Im Neuhof« bezeichnete man die Gegend bei der Vorstadt Alsergrund, die schon früh besiedelt wurde. Hier lagen die Fluren »In den Sieben Hofstätten«, »Im Wampenberg« und »Eselhardried«. Ursprünglich gehörten sie dem deutschen Orden, wurden dann aber von den Schotten aufgekauft.
Die »Sieben Hofstätten« entsprechen der heutigen Landesgerichtsstraße und einem Teil der Schlösselgasse.
»Im Wampenberg« wird »als ortt auf dem weg als man da get nach Ottakrin für das kriechenhöltzl und rüret mit ain rain an der Eselhart mit dem anderen auf den ›teuffen weg‹, als man von dem kreutz bei der mul, genannt die ›trausenit‹, get in das Lerochveldt« beschrieben.
Der »teuffe weg«, ein mittelalterlicher Hohlweg, war seinerzeit auch unter dem Namen »Im Hexentanz« bekannt (Teil der oberen Skodagasse). Der bekannte Wiener Schriftsteller und Verfasser des »Curiositäten- und Memorabilienlexikons« (1846) Realis (mit dem bürgerlichen Namen Gerhard van Coekelberghe-Dützele), der in der Lerchenfelder Straße wohnte, dürfte aus ihm zugetragenen Erzählungen die »Hexentanz-Sage« erfunden haben:
»In einer Stube des Liechtensteinischen Stallgebäudes versammelten sich allnächtlich die Stallburschen und liederlichen Dirnen zu Bacchanalien. Ihr höllisches Lärmen störte die ganze Nachbarschaft und führte einmal in stockfinsterer Nacht die ganze Scharwache und den Stallmeister herbei. Letzterer, ein spaßiger Kautz, hieß nun die Musikanten wacker aufspielen und trieb dann die ganze Gesellschaft den schneeverwehten Hohlweg hinab, mit seiner Reitpeitsche einen Kehraus dirigierend. Aus den Gefilden Neulerchenfelds heimkehrende nächtliche Wanderer dürften zufällig jene seltsamen Tänze von weitem gesehen haben und so entstand das Gerücht von den vermeintlichen Hexentänzern.«

Vielleicht inspirierte der Flurname zu dieser Geschichte, die Realis als »Sage« veröffentlichte. Der bekannte Wiener Sagenforscher Gustav Gugitz hat das »Schauermärchen« nicht als Sage anerkannt und auch nicht in den »Wiener Sagenschatz« aufgenommen. Heute eigenartig klingende Flurbezeichnungen wie »im puchfeld am petlbpühl« oder »Sautreiberin« waren einst gang und gäbe. Die Bezeichnung »Hexentanz« könnte allerdings auch durch eine Grasnarbe zu diesem Namen gekommen sein, eine dicht mit Gras bewachsene, sich von der Umgebung besonders abhebende Bodenschicht, die zu mystischer Auslegung verleitet hat. Die Menschen haben in alter Zeit gerne Unerklärbares mystifiziert und damit auch den Volkssagenschatz bereichert.
Vielleicht haben natürliche Lichtreflexe als äußere Reizquellen bei nächtlichen Wanderern Sinnestäuschungen sich bewegender Gestalten, Gräser oder Pflanzen hervorgerufen, und, weil nicht erklärbar, das Erlebnis spukhaft-geheimnisvoll gemacht, das, entsprechend phantasievoll ausgeschmückt, weitererzählt wurde.
Die Gründe an der »Alsbreite«, auch »Eselhardried« genannt, gehörten den Schotten und wurden Mitte des 13. Jahrhunderts beurkundet. Einen Teil der Areale, die bis in das Breitenfeld reichten, soll Margarethe Maultasch dann den Schotten als Dotation über lassen haben. Die Grundstücke, die Wiener Bürger erwarben, schienen in den Grundbüchern unter der Bezeichnung »circa Kriechenholtz retro Alzz« (beim Griechenholz hinter der Als) auf.
Die Geschichte dieser Gegend läßt sich bis in die Römerzeit zurückverfolgen, durch Funde und römische Berichte bestätigt. In oder um St. Ulrich soll im März 180 n. Chr. die Totenfeier des angeblich in Wien verstorbenen Marc Aurel stattgefunden haben, und auch Commodus, sein »unwürdiger Sohn« sich dann dem römischen Heer in einer prunkvollen Rede als neuer Herrscher vorgestellt haben.
Möglicherweise befanden sich hier, in nächster Umgebung der Legionslager, die »Alterssitze« der Legionärsveteranen, von der Verwaltung zur Verfügung gestellte kleine Anwesen mit eigener Bewirtschaftung. Diese Vermutung ergibt sich aus der weinwirtschaftlichen Nutzung der hier liegenden Weingärten.

Im einstigen Zeismannsbrunn ließ 1211 ein reicher Wiener Bürger namens Dietrich eine Kapelle »zum Heiligen Ullrich« errichten, nach der später der Ort seinen Namen erhielt. (Dietrich soll enorm reich gewesen sein, und es heißt, daß er sein Geld nicht gezählt habe, sondern mit Schaufeln schöpfen und dann abwiegen ließ. Seinen Reichtum verdankte Dietrich einem schwungvollen Weinhandel zur Zeit der Kreuzzüge.)
1302 tauschte ein Ritter Griffo, als einer der Rechtsnachfolger, das Patronatsrecht der Kapelle mit der Kirche Maria am Gestade, wodurch die Schotten die Grundobrigkeit erhielten. Herzog Jasomirgott kaufte 1363 einen Großteil von Zeismannsbrunn/St. Ulrich an, sodaß dieses Gebiet in das herzogliche Jagdgebiet im »Lerchfeld« einbezogen wurde. 1474 stürzte die Kapelle während einer Messe ein, Priester und Messebesucher wurden dabei getötet (insgesamt 30 Menschen).
Die Ruine blieb bis 1529 bestehen und wurde schließlich von den Türken gänzlich zerstört. 1574 wurde das Gotteshaus von einem gewissen Pachleb wieder aufgebaut. Protestantische Prediger hatten hier eine Heimstatt, bis sie 1614 vertrieben wurden.
1600 ließen Kapuziner in der heutigen Mechitaristengasse ein Kloster bauen, das bei der zweiten Türkenbelagerung ebenso völlig zerstört wurde. Nach Auflösung des Ordens und des Klosters zur Zeit Kaiser Joseph II. (1784) gelangte das leerstehende Gebäude an die aus Triest gekommenen Mechitaristen. Ein Großteil von St. Ulrich führte im Mittelalter den Namen »Neustift untern Gutes« oder »Am Platzel«; der Ort gruppierte sich um die Kirche, am rechten Ufer des Ottakringer Baches. Das Kapuzinerkloster, der Schottenhof, das »Grüne Tor« sowie ein paar Häuser befanden sich am rechten Ufer des Ottakringer Baches. Bis zur zweiten Türkenbelagerung war St. Ulrich eine der blühendsten Vorstädte, wurde jedoch während der Belagerung völlig verwüstet. Hier befand sich bekanntlich eines der türkischen Hauptkampfgebiete mit schweren Geschützen und in unmittelbarer Nähe das Zelt Kara Mustafas.
Der Ort erholte sich nur langsam; in einem Zeitraum von 45 Jahren standen hier nicht mehr als 15 Häuser.
In der Umgebung der St. Ulricher Kirche lag das »Neudegger Lehen«, das »von den Kapuzinern herüber bey dem Haus zum

goldenen Schiff bis zur Kirche, wo das Haus zur ›Rundelle‹ genannt, stehet …«, reichte. Das Neudegger Schloß, das an der Stelle der heutigen Neustiftgasse 11–17 zu denken ist, stand auf einer Insel des Ottakringer Baches, war quadratisch gebaut und hatte noch einen Turm und einen Schloßgraben. In diesem Haus soll der Habsburger Friedrich V., nachmaliger Kaiser Friedrich III., einige Tage zugebracht haben, als seine Burg von den aufständischen Wienern unter Bürgermeister Holzer bedrängt war. Bis zur Befreiung durch Hilfstruppen des böhmischen Königs Georg Podiebrad sollen die »treuen Bewohner« des Grundes für beste Verpflegung des Kaisers gesorgt haben. Der Hof verfiel dann und wurde in der Türkenzeit völlig zerstört. Ende des 16. Jahrhunderts erhielt Graf Ferdinand von Herberstein das Neudegger Lehen.

Bis zum Ende des 17. Jahrhunderts blieb die Landschaft kaum besiedelt, Weingärten und Felder dominierten. Nur im Bereich des »Burgfriedens« oder in der Nähe von Klöstern entstanden die sogenannten »Lucken«, gleichsam die Keimzellen der Vorstädte. Hohe Zäune schützten vor Räubern und Gesindel.

Die vier Häuser, die Mitte des 15. Jahrhunderts in den »Sieben Hofstätten« nachweisbar waren, wurden bei der ersten Türkenbelagerung niedergebrannt, ebenso die alte Vorstadt »An der Als am Schottentor« (Gegend der heutigen Votivkirche), die man dann nicht mehr aufbaute. Damals, als die Türken das erste Mal nach Wien kamen, mußten die Häuser nahe der Stadtmauer zerstört werden, um dem Feind keinerlei Verstecke zu bieten.

1620 forderte ein kaiserlicher Erlaß, daß »Dreihundert Schritt vor der Stadt alle Häuser und Gärten niederzulegen seyen«. Der kaiserliche Befehl sollte rasch, innerhalb von 14 Tagen, vollzogen werden. Doch die Durchführung wurde verschlampt. Das neue, 1662 erlassene Baugesetz schrieb eine Vergrößerung des Abstandes zwischen der Befestigung und den Vorstädten vor. Auf diesem Glacis durften keine Häuser mehr errichtet werden, und infolge dieser neuen Gesetze kam es zu Hausdemolierungen.

Da in jener Zeit topographische Aufzeichnungen unbekannt waren, umschrieb man die Lokalisierung der Häuser, wie »hauß … in gemainer Statt Garten bey dem Rottenhof am egg gegen Wolffen Paumhackl Fleischhacker hauß gegenüber« oder »bei den Ziegelöfen« oder »hauß, allda gelegen zwischen Balthasar Schrott, bürgerlicher pöckenmeister, und Florian Wiese, waxpassierer«.

Ein Abschnitt der neuen Gesetze befaßte sich mit der genaueren Benennung der einzelnen Gründe; die »bürgerlichen Gründe« wurden später als »Vorstädte« ein Begriff (damals fiel die Alservorstadt in diesen Bereich), die »Dörfer«, (der nach der zweiten Türkenbelagerung entstandene Strozzigrund wurde unter diesem Begriff eingeordnet) und schließlich die »Frei- oder Herrschaftlichen Güter« (dazu gehörte St. Ulrich und die entstehende Josefstadt).

Für die damals bescheidene Bauentwicklung sprechen ein paar Neubauten an der unteren »Alstergasse« (Alser Straße) und 25 Bauten im Puchfeld, beim Rottenhof.

Wien war damals eine mittelalterlich befestigte Stadt.

In der Nähe von St. Ulrich hatte Kara Mustafa sein prunkvolles Zelt.

Der Türk, die Pest und nochmals der Türk

Das 16. Jahrhundert, das die Geschichte als Wende in eine neue Zeit bezeichnet, begann nicht friedlich. Im Osten Europas war die türkische Gefahr akut.
Das osmanische Reich stand damals am Höhepunkt seiner Macht und Größe. Sultan Süleiman II. der Prächtige hatte mit seinem Heer, das er als unbesiegbar einschätzte, Belgrad erobert und das ungarische Königreich zerschlagen. Von Machtfieber erfüllt, erklärte Süleiman König Ferdinand I. den Krieg.
Im Mai 1528 brach der Sultan mit einem dreihunderttausend Mann starken Heer und entsprechend großem Troß von Konstantinopel auf. Das Bollwerk Wien mußte fallen, um das »Abendland« erobern und seine Bewohner zur Lehre Mohammeds bekehren zu können.
Am 21. September 1529 stand der türkische Heerführer mit seiner Armee vor Wien und belagerte 25 Tage lang die eingeschlossene Stadt. Zweifellos lag es an dem kriegserfahrenen Grafen Salm, der, vom König kurz vor dessen überstürzter Flucht zum Befehlshaber der Verteidigung ernannt, mit großem Geschick und überlegener Strategie den türkischen Ansturm erfolgreich abwehren konnte. Außerdem kam die Natur zu Hilfe – ein viel zu früh einsetzender Wintereinbruch trug dazu bei, daß sich Süleiman geschlagen geben und den Rückzug antreten mußte.
Wien erholte sich nur langsam von den vielen, durch die Belagerung entstandenen Wunden. Die Stadtmauer war an mehreren Stellen zerstört, etliche Bauten in der inneren Stadt abgebrannt. Das Umfeld von Wien bot ein noch trostloseres Bild: vernichtete Felder, zerstörte Weingärten, Häuserruinen.
Die Menschen, die allmählich aus ihren Verstecken in den Wäldern wieder herauskamen, standen verzweifelt vor der vernichteten Ernte ihrer Kulturen.
Der Übergang in ein normales Leben konnte sich nur langsam vollziehen. Die Bestellung der Fluren war erst im kommenden Jahr möglich; die Versorgung der Wiener konnte in jenem langen und kalten Winter nur sehr notdürftig vor sich gehen.
Die Wiederherstellung der mittelalterlichen Stadtmauer berei-

tete Sorgen. Die dafür notwendigen Kosten waren hoch und schienen unrentabel; man entschloß sich daher, die Stadtmauer durch eine moderne Festungsanlage zu ersetzen, einem Verteidigungswerk nach italienischem Vorbild, mit einem komplizierten System von Basteien, Ravelins (erhöhten Gefechtsstellungen, die durch überdachte Laufgänge mit der Stadtmauer verbunden waren) und einem 450 m breiten, unverbauten Glacis.
Die Basteien der befestigten Stadt, der grüne Freiraum des Glacis und die eindrucksvollen Silhouetten der barocken Prunkbauten schufen ein Landschaftsbild von ländlicher und zugleich nobler Schönheit, das 200 Jahre erhalten blieb.
Die türkische Gefahr blieb weiterhin latent, wenn auch der habsburgische König Ferdinand I. am 13. Juni 1547 einen fünfjährigen Waffenstillstand mit dem osmanischen Herrscher abschloß und ihm ein Ehrengeschenk von 30.000 Gulden anbot. Unter der Bevölkerung herrschte jedoch weiterhin Angst, denn immer wieder, so hieß es, seien türkische Spähtrupps in Niederösterreich und sogar nahe von Wien gesichtet worden.
Darüber hinaus verängstigten Naturkatastrophen und Elementarereignisse die Menschen. Schwere Unwetter vernichteten Ernten, Brände verursachten große Schäden, da es oft an nötiger Löschhilfe mangelte. Cholera- und Blatternepidemien dezimierten die Bevölkerung.
Ein schweres Erdbeben, das am 15. September 1590 Wien und Niederösterreich mehrere Stunden hindurch (von etwa 17 Uhr bis gegen Mitternacht!) erschütterte, zählte zu den schrecklichsten Ereignissen jener Zeit. Es gab Tote und zahlreiche Verletzte; Häuser stürzten ein, der Turm der Michaelerkirche brach in sich zusammen, und der Stephansturm zeigte starke Beschädigungen.

In das unheilvolle 16. Jahrhundert fällt das Weltbilder verändernde Großereignis der Reformation. Anstoß zu dieser religiösen Revolution gab der deutsche Theologe Dr. Martin Luther, dem die Erneuerung der Kirche, institutionell und geistig, ein herausforderndes Anliegen war.
Die reformierte Religion des Protestantismus fand in den österreichischen Erblanden und in Wien rasch Anhänger, die zur

neuen Lehre konvertierten. Bereits fünf Jahre nach Luthers Thesenanschlag in Wittenberg predigte ein Protestant von der Kanzel des Stephansdomes. Luthers Lehre konnte sich in Wien rund 60 Jahre behaupten und hatte ihr geistiges Zentrum in Hernals. Die Menschen, die damals in den Vorort zogen (oder, wie es der Protestantenhasser, Kardinal Khlesl, formulierte, »ausliefen«), um den Zeremonien nach evangelischem Ritus beizuwohnen, nahmen ihren Weg hauptsächlich durch die Alser Straße, die zwar noch kaum verbaut, aber wegbar war. Als die Jesuiten in der Zeit der Gegenreformation für die Errichtung einer »via dolorosa« plädierten, also eines Kreuzwegs, der von St. Stephan nach Hernals führte, wurde eine der sieben Kreuzwegstationen an der Kreuzung der heutigen Schlösselgasse auf der Alser Straße aufgestellt. Sie ist als einzige der Stationen noch heute erhalten.

Manche Wiener wanderten auch in die alte Siedlung St. Ulrich, wo man ebenso protestantische Prediger hören konnte. Zeitgenössischen Berichten zufolge galt St. Ulrich später als »Nest der Ketzer«. 1570 feierten die Wiener Protestanten im niederösterreichischen Landhaus eine Messe als geistige Demonstration ihres Glaubens. Acht Jahre später waren die evangelischen Messen in Wien generell verboten, das »Auslaufen« wurde radikal eingestellt und die protestantischen Prediger (Prädikanten) wurden vertrieben.

Die »Rückführung der verirrten Kinder Gottes in den Schoß der einzig wahren, katholischen Kirche« führte Kardinal Melchior Khlesl, Hauptfigur der Gegenreformation in Österreich, unerbittlich durch, ohne Rücksicht auf Verluste und menschliche Tragödien. Die Gegenreformation mit der politischen Konsequenz des 30jährigen Krieges fand erst Mitte des 17. Jahrhunderts ein Ende.

Die Gott und seine Herrlichkeit preisende, aber ebenso asketisch orientierte geistige Strömung der Gegenreformation fand in der von Italien ausgehenden irdisch-sinnenfreudigen Stilrichtung des Barock künstlerischen Ausdruck, jener Kunstform, die eine Epoche prägte. In Wien konnte sie sich mit großer Prachtentfaltung präsentieren, die das Mäzenatentum des Hofes, des Adels und der Kirche ermöglichte. Die repräsentativen Festlichkeiten, prunkvollen Veranstaltungen und pompösen

Theateraufführungen waren für die Epoche des Barock signifikant – und die Armut der Bevölkerung hatte darin keinen Platz. Vielleicht war die 1679 epidemisch auftretende Beulenpest tatsächlich ein »Zeichen des Himmels«, wie es die einfachen Leute glaubten, um den Überschwang der Lebensfreuden einzudämmen. Die todbringende Seuche kannte keine Standesunterschiede zwischen Arm und Reich, sie raffte dahin, wo sie auftrat.
Damals schrieb ein Pater Fuhrmann vom Paulanerorden: »... welch schreckliche Vorboten, merkbare Phoenomena und schreckbare Chasmata über der Stadt Wien ... als ob sich der Himmel auftäte und spaltete ...« Es war aber nicht das »Lottergesindel in den unsauberen Winkeln außerhalb der Stadt« allein verantwortlich, daß die Beulenpest Monate hindurch und in unvorstellbarem Ausmaß wütete.
Innerhalb und außerhalb der Stadt hielt man nicht viel von der Sauberkeit – und dies seit Jahrhunderten. Bereits 1540 bestellte die Stadtverwaltung einen »magister sanitatis« – einen Leiter des Gesundheitswesens, um die Menschen von der Wichtigkeit einer Hygiene zu überzeugen. Man hielt sich jedoch nicht an die Anweisungen, man verschlampte und ignorierte sie. Erst 130 Jahre später, als die hygienischen Zustände innerhalb der Stadt nahezu unerträglich waren, erließ die Stadtverwaltung ein Edikt, in dem es hieß: »... Kein Blut, Eingeweid, Köpfe oder Beiner von abgetötetem Tier, auch nicht Krautblätter oder Eierschalen, weiterhin verendete Hunde und Katzen seien nicht auf die Straßen zu werfen, sondern vor die Stadt zu tragen und die Senkgruben seien fleißig zu bedecken ...« Die Verordnung der Stadt hatte für die damalige Zeit eine nahezu »moderne« Begründung: »... Nachdem die Erfahrenheit mit sich bringt, daß die Sauberkeit ein sonderbar nützlich und notwendiges Mittel sey, sowohl die Einreißung der Infection zu verhüten als auch dieselbe wiederumben abzuwenden, herentgegen die Unsauberkeit solche arge Übel verursacht ...«.
Die Hygieneverordnung war auf die Initiative zweier ausländischer Ärzte zurückzuführen, die sich in Wien niedergelassen hatten: des holländischen Arztes Paul de Sorbait und des Franzosen Franz Billot. Sorbait blieb ein unbekannter Helfer und Held der großen Pestepidemie. Während sich Hof und Adel so-

Im Bürgerspital am Schweinemarkt (zwischen Lobkowitzplatz und Kärntner Straße) erhielten die erkrankten Bewohner aus den Vorstädten – vor allem in der Pestzeit – Unterkunft und Pflege. 1783–1790 wurde es zu einem Zinshaus umgebaut.

wie Mediziner und Apotheker aufs Land absetzten, blieb Sorbait in der Stadt, um den Schwarzen Tod zu bekämpfen. Der Arzt studierte den Krankheitsverlauf und erkannte, wenn auch nur teilweise, die mögliche Voraussetzung der Ansteckung: zu wenig Hygiene. Billot, Leibarzt des Kaisers, der ebenfalls in der Stadt blieb, behandelte die Kranken gratis und richtete sogar in seiner Wohnung (Singerstraße 17) ein eigenes Laboratorium ein, um, entsprechend dem damaligen Stand der Medizin, den Todgeweihten so gut als irgend möglich zu helfen. Wien hatte damals ein einziges Krankenhaus: das gemeindeeigene Bürgerspital (in der Gegend des heutigen Lobkowitzplatzes), das etwa 800 Kranke aufnehmen konnte. Während der Pestmonate war das Spital überfüllt, konnte aber trotz allem seinen allgemeinen guten Ruf hinsichtlich der medizinischen Betreuung wahren.
Zwischen 1666 und 1668 war der Verwalter des Spitals in einen »scandalösen process« – wegen betrügerischer Machenschaften – verwickelt; ein Korruptionsfall, mit Entlassung des Betroffenen und Gerichtsverfahren ...
Die Beulenpest, die fast ein Jahr lang dauerte, forderte allein in der Stadt etwa 20.000 Menschenopfer; in den Vorstädten sollen es ebenso viele gewesen sein. Ganze Familien wurden ausgerottet, die Felder und Weingärten konnten nicht bestellt werden. Erst Zuzüge aus den Erblanden und aus Süddeutschland glichen die verminderte Bevölkerungszahl wieder aus. Drei Jahre später wurde Wien von den Schrecken und Nöten eines Krieges heimgesucht ...

Diplomatische Intrigen und Machtkämpfe in Mitteleuropa; ein besorgter Papst, Innozenz XI., in Rom, der im entscheidenden Augenblick eine beträchtliche Summe aus der »Camera Apostolica« zur Verfügung stellte, um den militärischen Beistand des frommen Polenkönigs Sobieski materiell abzugelten. Gesteigerte Ressentiments in der türkischen Oberschicht, die nach 150 Jahren noch immer nicht den schmachvollen Rückzug Süleimans bewältigt hatte. Ein abgelaufener Friedensvertrag zwischen Österreich und dem osmanischen Reich, der einst, am 10. August 1664 in der kleinen ungarischen Stadt Vasvár abgeschlossen wurde. Ein karrieresüchtiger militärischer Steilstarter namens Kara Mustafa, bereits in jungen Jahren mit den Würden eines Großwezirs ausgestattet, der die Erfüllung seiner Ziele und Visionen in einem »Marsch auf Wien« sah, mit der siegreichen Bezwingung dieser Stadt und – des gesamten »Abendlandes«.

Das waren die entscheidenden Fakten, deretwegen das türkische Heer neuerdings vor Wien stand. Im Juli 1683.

Kara Mustafa hatte bereits mit seinem angeblich 200.000 bis 300.000 Mann starken Heer die ungarisch-österreichische Grenze überschritten. Die Brandschatzungen und anderen Übergriffe der osmanischen Elitetruppe der Janitscharen ereigneten sich bereits nahe von Wien.

Was den damals dreiundvierzig Jahre alten Kaiser Leopold I. bewog, trotz aller Ereignisse noch seiner geliebten Jagd in der Nähe von Perchtoldsdorf nachzugehen und dann noch im Ort, wo bereits Flüchtlinge durchzogen und die Einheimischen panikartig Schutz in der bewehrten Pfarrkirche suchten, »in einem schönen Garten mit verschiedenen schönen Wasserkünsten und bei schöner Tafelmusik ergötzlich zu dinieren«, blieb für die Historiker von damals und später eine ungeklärte Frage. War es Indolenz oder die erhabene Ruhe eines Kaisers von Gottes Gnaden?

Einen Tag nach jenem unverständlichen Jagdausflug beschloß der Regent, die Stadt samt seinem Hofstaat zu verlassen. Es war eine eilig beschlossene Flucht des Kaisers, der in den Abendstunden des 7. Juli aufbrach, in einer Fahrzeugkolonne von insgesamt 146 Karossen, Kutschen und Leiterwagen, mit Wertsachen, Staatspapieren und Lebensmitteln. Der kaiserliche Entschluß veranlaßte die begüterten Wiener ebenfalls, die Stadt zu verlassen. Der Kaiserliche Hofkriegsrat Johann Peter von Vaelckeren schrieb in seinen Memoiren: »... Was nur von Schiffen, Karren, Wagen, Pferden, was nur von Knechten, Dienern und anderen Lumpen sowie sonst nicht geachtetem Gesindel und allerlei nichtsnutzigen Rossen, und Trossen, ja Spitzbuben, was nur von Zug- und Baggagepferden für zehnfaches Geld in aller Eile aufzutreiben war, das wurde alles gemietet und gedingt, um jedem die Flucht zu ermöglichen ... Schade, so viele hundert starke, erfahrene, Waffen tragende Lakaien, die der Stadt wohl angestanden wären, davon gehen zu sehen und

an deren Statt schwache und elende Leute am Ort zu lassen ...«
Späteren Recherchen zufolge sollen 20.000 Wiener Hals über Kopf geflohen sein.
Panik und Verzweiflung herrschte unter den Zurückgebliebenen – Handwerkern, Kleinhändlern, Hofbediensteten und Studenten, aus denen sich dann die 30.000 Mann starke »Bürgerkompagnie« rekrutierte. In der immer chaotischer werdenden Stadt blieben auch Alte, Kranke und Kinder zurück. Aus den Vororten und Vorstädten strömten Flüchtlinge in die Schutz bietende Stadt.
In der Nacht zum 14. Juli, als das türkische Heer schon fast vor Wien stand, brannten die Vorstädte und -orte lichterloh. Der Stadtkommandant, Graf Starhemberg, hatte, wie einst Graf Salm, die Order gegeben, dem Feind keinerlei Schlupfwinkel zu hinterlassen. In dieser Nacht wurde vernichtet, was die Menschen seit Jahren, ja seit Generationen mühsam zusammengetragen und aufgebaut hatten.
Dennoch widersprachen Aufzeichnungen im Tagebuch eines türkischen Offiziers, das nach der Flucht der Türken gefunden wurde, der totalen Vernichtung der Vorstadt und -orte: »... hier gibt es herzerfrischende Wohnstätten und anmutige Winkel, um bequem zu logieren«.
In den Morgenstunden des 14. Juli war Kara Mustafa mit seinen Truppen am Ziel des wochenlangen Marsches. In einer der historischen Darstellungen der Ereignisse »Von der Wiennerischen Belägerung und den denckwürdigsten Hof- und Kriegsgeschichten, so sich Anno 1683 ereygnet haben« wird geschildert: »Den 14. Julij, gleich als die Sonne mit ihrem Golde der Erden einen guten Morgen geboten/kahme die gantze Türckische Heeres-Krafft/nicht anders/als wie eine Wasser-Flut/mit unzählich vielen beladenen Cameelen und Wägen/so mit Pferden und Püffel-Ochsen bespannet gewesen/alle Gegenden der Statt Wienn/zu überschwemmen/und ... biß an die Donau das Lager in Gestalt eines halben Monden/aufzuschlagen; wie auch noch selbige Nacht/von dem Croaten-Dörffel (gemeint ist der Spittelberg) an/gegen und ober dem Rothen Hof Posto zufassen/un Approschen und Lauff-Gräben etwann 200 Schritt vor den Contrascarpen/bey dem Burg-Thor zuöffnen; worann der Feind die Belägerte wenig hindern kunten ...«

Wiederholte Male versuchten die Türken innerhalb von sechs Wochen, Wien zu erobern. Stundenlang bombardierten Minen und Kanonen die Befestigungen.
Entsprechend späteren Darstellungen soll Kara Mustafa noch am Nachmittag des 13. Juli in die Vorstadt St. Ulrich gekommen sein, um alle Einzelheiten hinsichtlich der Sturmangriffsvorbereitungen zu besprechen, wie etwa die Gruppierung der Artillerie oder die Anlage der Laufgräben. Im Park des Grafen Trautson in St. Ulrich befand sich Kara Mustafas Feldstellung als zentraler Ausgangspunkt des Angriffs. Der Mittelabschnitt mit drei schweren Geschützen hatte seine Stellung zwischen St. Ulrich und dem Rottenhof.
Einer der ärgsten und blutigsten Kämpfe ereignete sich am 12. August, bei dem sich Kara Mustafa den endgültigen Sieg erhoffte. Der zentrierte Angriff kam – wie immer – von St. Ulrich.
Die in eine Bresche eindringenden Feinde wurden im Nahkampf zurückgeschlagen.
Die ständigen Mißerfolge zehrten am Kampfgeist der Angreifer. Mangelnder Nachschub demoralisierte die Soldaten. Sicherlich betete man auf beiden Seiten um eine Beendigung dieses grausamen Geschehens, um eine Entscheidung.
Der 12. September brachte die entscheidende Schlacht. Am wolkenlosen Morgen eines Spätsommertages sammelte sich das deutsch-polnisch-österreichische Heer auf dem Kahlenberg, um in einem dramatisch-spektakulären Kampf den Feind zum Aufgeben zu zwingen. Von diesem Ereignis berichtete der schon erwähnte Hofkriegsrat Peter von Vaelckeren, der, von der Stadtmauer aus, den Vormarsch der vereinigten Armeen beobachtet hatte: »Kaum hatte die Morgenröte hervorgeblickt, da sahen wir das Gebirge überall voller Volks, das sich da … herunterließ … (Sie) rückten durch Busch und Stauden, durch Hecken und Sträuche die Weingärten hinab, und standen vierzig bis fünfzig Schritte gegen die Türken …«
Es war ein überlisteter Großangriff, worüber der englische Offizier im kaiserlichen Dienst, Generalfeldwachtmeister Taaffe, Earl of Carlington, dem sichtlich an einer Legendenbildung nichts lag, in einem Brief berichtete: »Das Entsatzheer hat nicht mehr als 1500 Mann verloren, das sind etwa zwei Prozent

seiner Gesamtstärke ... Noch kein Sieg von so großer Bedeutung hat so wenig Blut gekostet ...«
Im offiziellen türkischen Tagebuch des Feldzuges stand vermerkt: »Als der Feind bereits das Scharfrichterzelt erreicht und auf dem Schatzzelt eine Fahne aufgepflanzt hatte, da griff der Großwezir mit einigen Gefolgsmännern und Paschas wieder in den Kampf ein und schlug sich dort gegen eine große Zahl von Giauren (Fremden) ... In kühnem Eifer und sinnloser Waghalsigkeit wollte der Großwezir nicht von der Stelle weichen; er war entschlossen, den Tod in der Schlacht zu suchen ... Aber aus Mitleid für so viele Glaubensbrüder und um die heilige Fahne beschwor Osman Aga ... den Großwezir »Herr, seid gnädig! Es ist alles verloren!«
Der polnische König Jan Sobieski schrieb in sein Tagebuch unter das Datum des 12. September 1683 zwei Worte: »Schlacht gewonnen«.
Den Triumph der christlichen Armeen über die »Höllenscharen der Osmanen« feierte man in der befreiten Stadt mit Glokkengeläute und Dankprozessionen. Das Abendland war gerettet.

Blick vom Glacis auf das Wien von 1719.

Das Glacis zur Zeit Josephs II.

Adelige Gartenstadt

Das Gebiet vor der Stadt war unvorstellbar verwüstet. Der Boden lag brach und schien kaum geeignet für eine Wiederbewirtschaftung. Aus dem Bedürfnis neuer Wohnmöglichkeiten ergab sich die ansteigende Entwicklung in der Bauwirtschaft. Damit setzte Ende des 17. Jahrhunderts die erste große Bauperiode ein. Neue Siedlungen, zu »Vorstädten« deklariert, entstanden, aus denen schließlich die Vorstadt Josefstadt hervorging.
Eine der ersten vorstädtischen Dörfer war der Strozzen- eigentlich Strozzigrund, auf den Gründen des Altlerchenfeldes.
Zu den ersten Hausbesitzern dieser Gegend gehörten der Flecksieder Gabriel Dessinger, der »hofbefreite« Schneider Sebastian Robelt (Lerchenfelderstraße 46 und 50) und – der vermögende k. k. Stadtunterkämmerer Johann Georg Altschaffer, der im »alten Lerchenfeld hinter St. Ullrich« ansässig wurde. Die von ihm erworbenen Areale erstreckten sich zwischen dem »Grünen Tor« und der heutigen Piaristengasse, nächst der Josefstädterstraße. Im Altschafferhaus wohnte um die Mitte des 18. Jahrhunderts der legendäre Goldschmied Josef Straßer, der Erfinder der künstlichen Brillanten.
Johann Georg Altschaffer, dessen Besitzungen ein zufriedenes und sorgenfreies Leben garantierten, starb hochbetagt, im Alter von 103 Jahren.
Zwischen den Arealen Altschaffers, dem Rottenhof und dem »Grünen Tor« (Stadttor) baute der Hatschierschmied Matthias Hirschauer das »Grune Tor«, in dem später das älteste Gasthaus der Josefstadt untergebracht war. Es zählte neben dem Altschafferhaus zu den ältesten der Josefstadt. Das Gasthaus, das einst über ausgedehnte Stallungen und Höfe für einkehrende Fuhrwerker verfügte, wurde zu einem beliebten Vorstadtwirtshaus und hatte seine Glanzzeit in der zweiten Hälfte des 19. Jahrhunderts.
Das »Grüne Tor« war eines der drei Schwibbogen-Tore gegen das Glacis und befand sich am Beginn der Rofranogasse (stadtnächster Teil der Lerchenfelder Straße), das »Josefstor« stand bei der Josefsgasse und das »Rote Tor« bei der Kaisergasse (spätere Josefstädter Straße).

Die bedeutendste Grundbesitzerin im »dürren Lerchenfeld« war Gräfin Maria Katharina Strozzi – die dort entstehende Vorstadt mit den 58 Häusern hat man dann nach ihr benannt.
Als Witwe des aus einem italienischen Adelsgeschlecht entstammenden Peter Strozzi (er fiel 1664 in Kroatien) ist die geborene Gräfin Khevenhüller sicherlich nicht unbemittelt gewesen. Der Ankauf der Gründe im Ausmaß von 3800 Quadratklafter dürfte jedoch ihre finanziellen Möglichkeiten ziemlich erschöpft haben; jedenfalls begann sie den Bau – mit Schulden, was ein Hypothekarakt von 1699 bestätigt. Der Baubeginn des Sommerschlössels fällt in das Jahr 1702. Wenn auch der Baumeister nicht dokumentiert ist, hat man immer wieder Lukas von Hildebrandt – damals blutjung und unbekannt – als den eigentlichen Baumeister des Strozzipalais angenommen.
Ursprünglich bestand das Schlößchen aus einem einstöckigen Trakt und einer sowohl vom Garten, wie auch vom »Ehrenhof« zugänglichen Freitreppe. Mitte des 18. Jahrhunderts wurde das Palais aufgestockt und erhielt über der Altane ein hohes Dach.
Aus der Baubeschreibung von 1704 ist zu entnehmen: »eine Schönne gantz Neu von gueten Maderiallien zwey garn huch auferbaute Khostbahre Lustwohnung oder Gartenhaus ... mit einer schönnen Fatschate (Fassade). Wie auch einer doppelten preciosen außwentigen Stainernen Stiegen geziehrt ... und einer Stainernen fundana mit Ein Springeten Wasser aus einem Pahseng (Bassin) ...«
Kaiser Leopold I. dürfte der Gräfin sehr gewogen gewesen sein – dafür spricht ein »Diplom« (befindet sich im Archiv der Stadt Wien) aus dem Jahre 1704. Der Regent erklärte den Besitz der Gräfin zum freien Rittergut. In dem genannten Diplom wird sogar auf die »ziemblichen Unkosten des Baues« hingewiesen.
Nach ihrem Tod erbte ein Neffe, Johann Ludwig Graf Khevenhüller, den Besitz, dürfte aber daran kaum interessiert gewesen sein, da er bereits wenige Monate später die Liegenschaft an die Stadt Wien veräußern wollte, die jedoch das Angebot abwies.
Käufer wurde der Erzbischof von Valencia, Antonia Francesco Folco de Cardona. Der Kirchenfürst vermachte das Schlössel testamentarisch Kaiser Karl VI., dem er als Parteigänger nach Wien gefolgt war. Maria Theresia schenkte dieses väterliche Erbe später dem Grafen Chotek, in Anerkennung seiner Ver-

Aus der Vedutensammlung von Salomon Kleiner: Das erste Palais in der Josefstadt war das der Gräfin Maria Katharina Strozzi.

Aus dem Palais Strozzi wurde nach 1838 ein Mädchenpensionat.

dienste als Generalmajor bei den Schlesischen Kriegen, als Landesverweser von Bayern und als Generalkriegskommissär in Italien.
1828 mietete sich der berühmte Porträtist Friedrich von Amerling mit seinem Atelier in einem ebenerdigen Raum des Wirtschaftsgebäudes ein. 1831 mußte er allerdings wieder ausziehen, da das Haus wegen der ausgebrochenen Cholera als Spital diente.
Von einer Bildungsreise nach Venedig und Rom zurückgekehrt und frisch vermählt, bezog Amerling 1833 neuerdings das Schloß, diesmal mietete er den ersten Stock eines Seitenflügels. Das repräsentative Heim Amerlings wurde zum Treffpunkt zeitgenössischer Künstler.
Amerling machte sich als Porträtmaler des Hochadels und des Großbürgertums einen Namen; seine »Lautenspielerin« und der »Fischerknabe«, deren prächtige Farbigkeit ein Charakteristikum seiner Kunst zeigen, sowie das Bildnis seiner Mutter oder das Gruppenbild von Arthaber im Kreis der Familie zählen zu den berühmten Porträts dieses Meisters.
1840 verkauften die Choteks den Besitz um 130.000 Gulden an den Staat. Nach kurzfristigen großzügigen Adaptierungsarbeiten (Kostenaufwand 20.000 Gulden) etablierte sich hier das »K.k. Zivilmädcheninstitut.«
Schon Kaiser Karl VI. hatte sich mit dem Gedanken beschäftigt, jungen Mädchen eine Berufsausbildung als Lehrerin oder Gouvernante zu ermöglichen. Solche Institutionen gab es damals noch nicht; nur Klosterschulen, die mit Französisch, Musikausbildung, Gesellschaftstanz und der Kunst, feine Handarbeiten anzufertigen, eher auf eine Ehe vorbereiteten. Manche Mädchen wurden aus Prestigegründen in ausländische Pensionate geschickt, was man jedoch am Hof nicht besonders »goutierte«. Gouvernanten, speziell mit Auslandserfahrung in Frankreich, enttäuschten oft. Der Kaiser erließ sogar ein Edikt, wonach »adelige Weibspersonen, die sich in ausländischen Klöstern zur Erziehung befinden, zurückzurufen seien!«
Kaiser Joseph II., der die Ambitionen seiner Vorfahren für sich in Anspruch nahm, jungen Mädchen die Möglichkeit eines eventuellen Broterwerbs zu geben, griff den Vorschlag einer Gouvernante, Madame Therese Luzac, geborener Chaplin, mit

großem Interesse auf. Ihre Petition an den Kaiser betraf die Errichtung einer »Erziehungsstätte für Mädchen aus gutem Hause«. In diesem Schreiben verwies Mme. Luzac auf ihre eigene hervorragende Erziehung und ihre Fähigkeiten, ihren Schützlingen nicht nur Herzensbildung, sondern durch das Lernen der französischen Sprache, der Erdbeschreibung, profaner Geschichte und aller für das weibliche Geschlecht notwendigen Arbeiten auch Geistesbildung beizubringen. Sie forderte dafür keine »Belohnung« (Gehalt), sondern die Erlaubnis, pro Pensionärin ein jährliches Kostgeld von 200 Gulden verlangen zu dürfen.
Der Staat sollte eine freie Wohnung – vielleicht ein Haus in der Vorstadt – zur Verfügung stellen und für das Salär der »Normallehrer« und des »Tanzmeisters« Sorge tragen.
Der Kaiser war von dem Projekt angetan und erledigte die Petition wohlwollend; sein Interesse ging so weit, daß er sich sogar in die Unterrichtsgestaltung einmischte. So bemängelte er den gedrängten Lehrplan, der den Kindern keine Zeit lasse, sich auszuschlafen, zu erlustieren und frische Luft zu schöpfen, um ihnen Wachstum zu verschaffen; er rügte die Kürzung der viergängigen Speisefolge, denn »es solle den Kindern an Kost nichts abgebrochen werden«, und war mit dem Passus einverstanden, daß die Mädchen »die Corsetten ohne Fischbein« tragen durften. Er wollte bei der Auswahl der Pensionärinnen keinen Standesunterschied und bestimmte Freiplätze für vaterlose Beamtentöchter oder für Töchter pensionierter Beamten. Es sollte ein richtiges »Zivilmädchenpensionat« sein, zum Unterschied des »Offizierstöchtererziehungsinstitutes«, ursprünglich in St. Pölten und ab 1786 in Hernals, das seine Mutter ins Leben gerufen hatte.
Am 1. März 1787 konnte Madame Luzac ihr Pensionat mit 24 Zöglingen im zugewiesenen Ursulinerinnenkloster eröffnen und blieb 17 Jahre in diesem Logis. Größer werdende Schwierigkeiten und Mißverständnisse mit den Nonnen gaben Anlaß, ein neues Heim zu finden. Mme. Luzac erhielt das in Hernals angekaufte Haus, das jedoch infolge größerer Mängel nicht lange bewohnt werden konnte. Schließlich fanden die Zöglinge in einem gemieteten kleinen Trakt im Minoritenkloster auf der Alser Straße ihre Unterkunft.

1838 entschied Kaiser Franz I. (der an eine Finanzierung des Institutes durch die »Zivil-Lottoplätze« dachte), das erworbene Choteksche Schloß (ehemals Palais Strozzi) in der Vorstadt Josefstadt dem Mädchenpensionat zur Verfügung zu stellen. Eine Ideallösung war es nicht, die Räumlichkeiten wurden bald zu klein, und der Bau mußte durch Seitenflügel vergrößert und aufgestockt werden. Über kaiserlichen Beschluß wurde das Pensionat Mitte des vorigen Jahrhunderts zur Lehrerinnenbildungsanstalt erklärt. Nach Ende des Ersten Weltkrieges wurde das Institut geschlossen.
Jahrelang stand das Strozzische Palais leer, verfiel und versank in einen Dornröschenschlaf. Erst in den letzten Jahrzehnten wurde das Schlössel restauriert; die Räumlichkeiten werden nun vom Finanzamt für den 8. Bezirk genützt.
Es ist nur mehr das Spiel der Phantasie, die Musik hören läßt, Gavotten, Menuetts und Walzer; Mädchenlachen und monotones Gemurmel gestrenger Lehrerinnen ... und Straßenlärm weckt aus den Träumen ...

Hyppolith Marchese de Malaspina erledigte die diplomatischen Missionen zur höchsten Zufriedenheit Kaiser Leopolds I. Die Gunst des Herrschers war dem toskanischen Adeligen gewiß, und dies mag dazu beigetragen haben, daß Malaspina nahe dem Hof, in der Residenzstadt, ansässig werden wollte. Der Marchese hatte zweifellos einen exzellenten Geschäftssinn – er wußte immer, was er zu unternehmen hatte und wie er es anstellen mußte, um seine Ziele zu erreichen.
Die Annalen berichten, daß Hyppolith die Besitzerin des Rottenhofes, die Witwe des Freiherrn von Schiedenitz, ehelichte, um auf diese Weise in den Besitz des Freigutes zu kommen.
Eine andere Version deutet darauf hin, daß Malaspina den Rottenhof vom Besitzer, dem Freiherrn von Schiedenitz, gekauft hätte. Wie auch immer der geschäftstüchtige Marchese in den Besitz des Hofes gekommen ist – um die Jahrhundertwende (jedenfalls nach dem Tod seiner Frau!) verkaufte Malaspina im April 1700 die gesamten Gründe des Freigutes Rottenhof im »Puchfeld vor dem Burgtor«, samt Schloßgarten, Hof- und Küchengarten, Lehmgruben, zwei Ziegelöfen und Ziegelbrenner-Häuschen an die Stadt Wien. Das gesamte Areal reichte bis zur

Joseph I., nach dem die Vorstadt ihren Namen erhielt, im Krönungsornat des römisch-deutschen Kaisers.

Alstergasse (Alser Straße) und verlief über das Lerchenfeld bis zum »Grünen Tor«.
Die aufblühende Vorstadt hatte zu Ehren der Königskrönung Josephs I. (am 24. Jänner 1690) den Namen »Josefstadt« erhalten.
Dem Marchese Malaspina, der durch den Verkauf des alten Freihofes an die Stadt Wien indirekt zur allgemeinen Verbauung beigetragen hatte, schrieb man später das Verdienst zu, die Josefstadt gegründet zu haben.
Die überaus günstige Lage der entstehenden Vorstadt entsprach den Vorstellungen des Adels, seine Sommerpalais insbesondere nahe dem Glacis – gleichsam gegenüber der kaiserlichen Burg – zu errichten.
Auf den einstigen Gründen des Rottenhofes entstand anfangs des 18. Jahrhunderts eines der schönsten und bedeutendsten Gebäude jener Zeit: das Rofrano- und spätere Auersperg-Palais. Die vorerwähnten Areale, die 1690 an die Stadt Wien gingen, erwarb wenige Jahre später der Reichsgraf Ferdinand Karl von Weltz, nachmaliger Statthalter von Niederösterreich. 1721 löste Marchese Hieronymus Capece di Rofrano – über Malaspinas Vermittlung – den Weltzschen Erben die Liegenschaften ab; ebenso kaufte er die zwei Häuser bürgerlicher Besitzer auf dem Grundstück.
Rofrano entschloß sich sehr rasch für den Bau eines Sommerschlosses und soll den bereits bekannten Architekten Johann Fischer von Erlach mit den Entwürfen betraut haben.
Spätere Experten haben Fischer von Erlachs Werk in Frage gestellt, da hier auch charakteristische Details eines Lukas von Hildebrandt erkennbar waren.
In einer Mitteilung aus dem Jahre 1721 heißt es aber, daß der Marchese »im selben und folgenden Jahr das Palais mit Reitschule Stall und Wagenremise durch den Baumeister Giovanni Christiano Neupauer ... nach dem Plane des berühmten Johann Bernhard Fischer von Erlach habe aufrichten lassen ...«
Hinsichtlich des genannten Baumeisters Neupauer wäre zu bemerken, daß dieser eine eher undurchsichtige Rolle spielte, da er kein professioneller Baumeister war, sondern Stadtrat von Wien und späterer Stadthauptmann. Allerdings war er als Bauherr dreier Bauten in der Stadt bekannt. Aufgrund späterer

In Peter Rofrano sah Hugo von Hofmannsthal das Vorbild für seinen Rosenkavalier. Augarten-Statuette von Prof. Albin Döbrich, 1924.

Forschungen soll Neupauer ein Spekulant gewesen sein und – durch seine guten Beziehungen – sozusagen »Manager« unbekannter Baumeister, denen Geld wichtiger war als anerkannter Erfolg.
Spätere Umbauten des Palais haben ursprüngliche Details verwischt, sodaß eine effektive »Spurensicherung« tatsächlicher architektonischer Einzelheiten kaum möglich ist.
Deshalb bleibt auch die Frage ungeklärt, ob das Palais auf das bestehende, bereits 1700 existierende Schloßgebäude zurückgeht, das Rofrano bloß erweitern ließ, oder ob 1721 ein Neubau erfolgte. Rofrano jedenfalls konnte die Fertigstellung seines Sommerschlosses nicht mehr erleben. Aber der Vormund seines noch minderjährigen Sohnes Peter sorgte dafür, daß das Bauwerk vollendet wurde.
Peter Rofrano, der blutjung mit 19 Jahren starb, soll über jenen Charme und jene jugendlich-impulsive Liebenswürdigkeit verfügt haben, die den glanzvollen Festlichkeiten in seinem Schloß das entsprechende Flair gaben. Die hochadelige Gesellschaft, in der manchmal auch die junge Kaiserstochter Maria Theresia anzutreffen war, schätzte die weltgewandten und ansprechenden Allüren des jungen Gastgebers ebenso wie die ideenreich organisierten Vergnügungen und aufwendigen Veranstaltungen.
In Peter Rofrano sah Hugo von Hofmannsthal das »Urbild« seines Oktavian »genannt Quinquin« – sodaß der Jungverstorbene in Richard Strauss' »Rosenkavalier« eine gewisse Unsterblichkeit erreichte.
Noch immer verkünden die Läufer die Ankunft des brautwerbenden Rosenkavaliers: »Rofrano! Rofrano!«
Nach Peters Tod wurde seine Schwester Maria Theresia Hauserbin. Später ging der Besitz in das Eigentum anderer Familien über, wie der Grafen Kinsky. In maria-theresianischer Zeit mietete der Feldmarschall Friedrich Wilhelm Herzog von Sachsen-Hildburghausen das Sommerschloß. Seine prachtvollen Soireen und Gesellschaften waren Gesprächsstoff des Hofes. Die musikalischen Abende wurden lange Zeit von Christoph Willibald Gluck geleitet, den der Herzog sehr förderte.
Der deutsche Herzog galt als großer Verehrer der Musik, und in diesem Sinn setzte er sich auch für die Künstler ein, die seiner

Hilfe bedurften; wie etwa im Fall der alternden, einst gefeierten und umjubelten Sängerin Victoria Tesi, die er – bis zu ihrem Tode – in sein Haus aufgenommen hatte. Die Lebens- und Liebesgeschichte dieser Künstlerin ergäbe eine »bitter-süße« Love-story aus vergangener Zeit.

Victoria Tesi war Venezianerin und stammte aus einer kinderreichen, armen Familie. Bereits im Kindesalter sang sie auf den Plätzen Venedigs venezianische Volkslieder und erbettelte sich damit Geld. Die Vorbeikommenden, die das Kind hörten, sollen nicht immer aus Mitleid gegeben haben, sehr oft aus Dankbarkeit für ihren schönen Gesang.
Ein Geistlicher soll sich des Kindes angenommen haben, ließ das Mädchen bei kirchlichen Feiern singen und entlohnte es dafür. Auf diese Weise kam der damals bekannte Dirigent und Musiklehrer Kaiser Karls VI., Antonio Caldara, mit Victoria in Kontakt; er war von ihrem Talent und ihrer Schönheit fasziniert und übernahm, selbstverständlich kostenlos, ihre Ausbildung. Als er das Studium als abgeschlossen sah, reiste er mit Victoria, die zu einer Schönheit herangereift war, nach Wien. Anläßlich eines Privatkonzertes, das Seine Majestät arrangiert hatte, stellte Caldara die Debütantin dem Kaiser und damit der ganzen Hofgesellschaft vor. Der Beifall soll unbeschreiblich gewesen sein.
Victoria Tesi eroberte auch das Wiener Publikum im Sturm und feierte Triumphe, wenn sie bei öffentlichen Veranstaltungen auftrat. Die prachtvoll ausgebildete Stimme faszinierte ebenso wie die unaufdringliche, eher zurückhaltende Art der schönen Venezianerin. Sie wurde zum gefeierten und umjubelten Star, ohne die üblichen Allüren anzunehmen. Victoria hielt sehr viel von der Moral und war überaus tugendhaft. Sie verstand, die Anträge ihrer zahlreichen Verehrer, die ihr zu Füßen lagen, ebenso abzuweisen, wie die Erklärungen des Grafen Lamberg, der sie heiß und aufrichtig liebte. Als der Graf seine große Liebe sogar durch Heirat legalisieren wollte, ohne Rücksicht auf gesellschaftliche oder berufliche Prestigeverluste, lehnte sie ab. Der Standesunterschied sei zu groß, die Ehe zu riskant. Um dem Grafen, den sie ebenfalls von ganzem Herzen liebte, keinerlei Hoffnungen zu machen, faßte sie einen sehr eigenwilli-

gen Entschluß: sie heiratete den Nächstbesten. Ihre Wahl fiel auf den jungen, gut aussehenden italienischen Erdarbeiter Jacopo Tramontini. Bei Bauarbeiten nahe ihrer Wohnung war ihr der junge Mann aufgefallen, sie beobachtete ihn eine Zeitlang und ließ ihn schließlich mit Hilfe ihrer Dienerin in ihr Haus bitten. Spontan erklärte sie ihm, was sie wolle: ihn heiraten. Sicherlich war Jacopo im ersten Augenblick verblüfft; eine so attraktive und berühmte Frau zu ehelichen, konnte sein einfaches Denken nicht erfassen. Dann aber machte er sich mit diesem Gedanken vertraut – warum nicht? Für Sekunden mag er auf seine Art Vorstellungen zu dieser Angelegenheit gehabt haben ... ob sie wohl sehr temperamentvoll war? Aber die Künstlerin hatte schon ihre Bedingungen parat. Die Ehe würde nicht vollzogen werden, sie bestünde nur auf dem Papier. Das sollte sogar in einem »Contract« festgehalten werden. Als »Gegenleistung« versicherte Victoria Tesi ihm ein sorgenfreies, selbständiges Leben in einem eigenen Haus. Tramontini willigte schließlich ein. Der Gedanke, ein schönes Leben führen zu können, überwältigte ihn.
Die Tesi hielt ihr Wort. Noch am Tage der Hochzeit überreichte sie ihrem sogenannten »Gatten« die Besitzerurkunde eines Hauses in der Leopoldstadt (heute Zirkusgasse 3). Die »Eheleute« lebten selbstverständlich getrennt, und Tramontini sah seine Frau, die er heiß begehrte, nur selten.
Victoria fühlte sich durch ihre Heirat nun vor allen Belästigungen gefeit und konnte nun auch ihrem geliebten Grafen freundschaftlich begegnen. Die gemeinsamen Interessen an der Musik »knüpften ein enges Band einer tiefen Freundschaft, wenn schon diese Verzicht gebietende Liebe unerfüllt blieb«.
Mit 40 Jahren zog sich Victoria Tesi-Tramontini von der Bühne zurück und wurde eine angesehene Gesangslehrerin. Ein Großteil ihrer Schülerinnen kam aus adeligen Häusern. Dem deutschen Herzog von Sachsen-Hildburghausen, den sie noch bei den musikalischen Abenden Kaiser Karls VI. kennengelernt hatte, arrangierte sie jahrelang die wöchentlichen »musikalischen Akademien«. Nach langem Zögern erfüllte sie schließlich den Wunsch des Herzogs und zog in das von ihm gemietete Palais in der Josefstadt. Victoria Tesi-Tramontini starb 68jäh-

rig, und die überlieferte Darstellung ihrer Lebensgeschichte schließt romantisch: »... dem Adel ihrer Seele entsprechend, starb diese große Künstlerin in adeliger Umgebung ...«.
Bald nach dem Tod der »teuren Freundin« kehrte der Herzog von Sachsen-Hildburghausen nach Deutschland zurück; indigniert, weil seine jahrelangen Bemühungen, das Palais zu erwerben, vergeblich geblieben waren.

1777 erwarb der oberste Erblandmarschall in Tirol, k.k. Oberstkämmerer Johann Adam Fürst von Auersperg um 70.000 Gulden das barocke Vorstadtpalais. Erst 1781 schien er nach den im Grundbuch eingetragenen Besitzern Graf Kinsky, Fürstin Poniatowski und Gräfin Schaffgottsch als alleiniger Eigentümer auf.
Auersperg, der durch seinen langjährigen Italienaufenthalt umfassendes Wissen in Kunstdingen erworben hatte und in einschlägigen Kreisen als Kunstexperte galt, war daran interessiert, dem Bau als solchem wie auch den Räumlichkeiten neuen Glanz zu geben. Er beauftragte Niccolo Rossi mit der Ausführung des Deckengemäldes im Hauptsaal, Johann Josef Karl Henrici verfertigte Stukkaturen, und Architekt Johann David war mit der architektonischen Ausführung betraut. Trotz der umfassenden Restaurierung konnten ursprüngliche Elemente bewahrt werden.
Der Lokalhistoriker Wilhelm Maximilian Kisch (1827–1883) nennt in einer Abhandlung über »historisch interessante Häuser in den Vorstädten« den Fürsten Heinrich Josef Johann Auersperg, k.k. Kämmerer »eine Zierde des Staates und seiner Familie, hochgeschätzt von der Kaiserin Maria Theresia« – als Besitzer des 1780 erworbenen Palais. Recherchen zufolge war Johann Adam Auersperg der eigentliche Besitzer, was auch der Wienkenner und Historiker Dr. Felix Czeike (langjähriger Leiter des Wiener Stadt- und Landesarchivs) in einigen seiner Publikationen bestätigt.
Interessant ist die Beschreibung des veränderten Palais von Kisch: »Mehr noch als das Äußere war von jeher die gediegene Pracht der inneren Ausschmückung ... Die Haupttreppe gehört zu den wirkungsvollsten Stiegenbauten, auch der ovale Mittelsaal mit dem von Niccolo Rossi um 20.000 Gulden herge-

Palais Auersperg mit Josefstor, Anfang des 18. Jahrhunderts.

stellten Plafondgemälde und den Sculpturen von Henrici machen einen ebenso reichen als vornehmen Eindruck. Erwähnt mag noch werden, daß der Tanzsaal dieses Palais zwei der ersten Arbeiten, die Statuen ›Musik‹ und ›Tanz‹, des später so gefeierten Meisters Anton Fernkorn enthält ...«
Die glanzvollen Festlichkeiten, die der Fürst in seinem prächtigen Palais veranstaltete, wurden zu gesellschaftlichen Großereignissen. Der feinsinnige Kunstfreund verstand es, seine Gäste immer wieder mit geschmackvoll arrangierten Darbietungen zu überraschen, wobei auch der barocke Park mit den Heckennischen, kunstvollen Wasserspielen und Grotten in die Geselligkeiten einbezogen wurde.
Besonderen Kunstgenuß boten die musikalischen »Akademien« mit berühmten Künstlern. Erwähnenswert ist die Privataufführung von Mozarts »Idomeneo« mit adeligen Laien als Interpreten. Mozart hat für diesen Abend eigens eine »Scena con Rondo« komponiert.
Der generöse Kunstförderer ist auch in die Theatergeschichte Wiens eingegangen. Auersperg hatte unmittelbar nach dem Ankauf des Palais das benachbarte Haus Josefstadt 78 (Lerchenfelder Straße 6) des Johann Georg Bauernfeind dazu erworben. Zu dieser Zeit suchte der Wandertheater-Prinzipal Franz Jakob Scherzer, von der Idee besessen, die »Residenzstadt schauspielerisch zu erobern«, ein »Theater«, des »vazierenden Theaterlebens« müde geworden. Scherzer wandte sich an den bekannten Mäzen, und Auersperg überließ der Truppe für Jahre den »Bauernfeindschen« Saal, zuzüglich einer finanziellen Unterstützung.
Der »pudelnärrische, groteske Prinzipale des Thespiskarren, halb Scharlatan, bald sonderbarer Herold Thalias« muß bereits im August 1776 hier »zu Hause« gewesen sein. Die »Wiener Realzeitung« berichtete (1776): »Wenn Sie in der Josefstadt wöchentlich ein paarmal die komische Gesellschaft des Herrn Scherzer in ihren Scherz- und Trauerspielen besuchen, so haben Sie Freitags noch eine musikalische Akademie zum Besten, welche mit Trompeten und Pauckenschlag eröffnet und mit Arien, Symphonien, Konzerten, Polonaisen usw. was weiß ich womit allem, begleitet wird. Da hat man doch etwas für sein Geld ...«

Wenn Scherzer schon nicht als Gründer eines ständigen Theaters in Erscheinung getreten ist, so hat er auf seine Art ein Stück Wiener Theatergeschichte mitgeschrieben.

In dem ereignisreichen Jahr 1790, in dem nach dem im Februar erfolgten Tode Kaiser Josephs II. bereits im Oktober die Kaiserkrönung des jüngeren Bruders, Leopolds II., des Großherzogs von Toscana, folgte, erlebten die Wiener eine eindrucksvolle Dreifachhochzeit; zwei Söhne und eine Tochter des eben gekrönten Habsburgers wurden mit den Prinzessinnen und dem Prinzen des Hauses Bourbon-Neapel vermählt. Monate hindurch gab es pompöse Festlichkeiten, um so mehr der bereits verschwägerte und nun neu verwandte König von Neapel längeren Aufenthalt in Wien genommen hatte, um sogar das Weihnachtsfest »en famille« zu feiern. Fürst Auersperg konnte nicht umhin, die hohen und höchsten Gäste in sein Haus einzuladen. Am 27. Dezember 1790 fand das erste Fest statt, an dem die kaiserliche Familie, die Jungvermählten und der König von Neapel, begleitet von der österreichischen Hocharistokratie, geladen waren. Der damalige Direktor und Kapellmeister des Leopoldstädter Theaters, Wenzel Müller, Mitarrangeur des Abends, vermerkte in seinem Tagebuch »Den 27tn haben wir Gesang und Tanz bey Fürst Adam Auersperg gegeben, in Gegenwart des Allerhöchsten Hofes: Kaiser – Könige – Erzherzöge etc. etc. Fürst Auersperg gab der Gesellschaft 50 Dukaten zum vertheilen ...«
Noch aufwendiger gestaltete Auersperg das zweite Fest am 17. Jänner 1791. Lorenzo Daponte, der »ehemalige Geistliche aus dem Venezianischen und später in Wien vielbeschäftigte Opernlibrettist« hielt in seinem Tagebuch fest: »Der Fürst Auersperg und der Marquis del Gallo (Marchese Marzio Mastrilli del Gallo war neapolitanischer Botschafter am Wiener Hof) waren diejenigen, die sich vor allen anderen durch die glänzenden Feste, die sie gaben, auszeichneten. Unter den vielen Unterhaltungen, die für den König (von Neapel) veranstaltet wurden, wollte der Fürst, daß ... eine passende Kandate aufgeführt werde, und er beauftragte mich mit der Wahl des Komponisten ... und mit der Qualität und Quantität des Gesangspersonals und mit unumschränkter Vollmacht, die Dekorationen sowohl

als die Kleidung der Sänger anzuordnen. In seinem prachtvollen Palaste, in welchem er ein niedlich schönes Theater hatte, wo eine kleine Komödie aufgeführt werden sollte, fand sich auch in seinem Garten eine schöne Rotunde ... ich hatte, um alles zu bewerkstelligen, nur drei Tage Zeit, wählte den damals jungen Weigl, um die Musik zu komponieren ... wo ich die erste Arie meiner Kantate ›Minerva e Flora‹ betitelt, gedichtet hatte, während er (Weigl) sie in Musik setzte ...« Vorzitierter Josef Weigl, Patenkind Joseph Haydns und Schüler Salieris, berichtete: »... mein günstiger Augenblick fehlte nicht ... Fürst Adam Auersperg gab Seiner Majestät dem König von Neapel zu Ehren ein Fest, wozu ich den Auftrag erhielt, eine Kantate ›Minerva e Flora‹ zu schreiben, welche das Glück zu gefallen hatte ...« In einem weiteren Bericht über diesen festlichen Abend heißt es »... den 17. Jänner 1791 gab der Fürst von Auersperg zu Ehren des Königs von Neapel ein prächtiges Festin, wobey die Königin, die zwei Erzherzoge, nebst ihren Gemahlinnen gegenwärtig waren. Es fing solches gegen 3 Uhr nachmittags an ... Bei diesem Festin haben im fürstlichen Theater die berühmten Optiker Pierre und Gabriel ihre schöne Vorstellung produziret ...«
Diese zweifellos authentische Erwähnung des fürstlichen Theaters ist deshalb wichtig, weil nach Berichten aus jener Zeit in den Theaterräumlichkeiten schon 1789 eine Vitriolölfabrik gewesen sein soll. Die Fabrik konnte später, 1798, dokumentiert werden. Trotz allem wird über Theateraufführungen bei Auersperg kaum mehr berichtet. Die Koalitionskriege mit Frankreich, 1792 bis 1797, in die Österreich verwickelt war, schränkten das kulturelle Leben völlig ein, und Weigls Festkantate im Privattheater des Fürsten setzte eine Art Schlußpunkt unter die kulturgeschichtliche Vergangenheit eines Wiener Palais. Infolge der allgemein einsetzenden finanziellen Schwierigkeiten wurde auch das private Mäzenatentum wesentlich bescheidener.
Um das Auersperg-Palais und in ihm wurde es still – die Welt des Biedermeier bevorzugte einen anderen Lebensstil.
Baugeschichtlich von Bedeutung wurden die Renovierungsarbeiten im Jahre 1885; durch eine einschneidende Umgestaltung wurde die Wirkung des gesamten Baues stark beeinträchtigt.

Die Hauptfront des Sommerpalais Schönborn in der Laudongasse. Zeichnung von Salomon Kleiner, um 1724.

Komödienparterre mit Belvedere im Park des Palais Schönborn. Zeichnung von Salomon Kleiner, um 1724.

Damals entstand der Vorbau vor dem Mittelrisalit, der dem Neobarock der Ringstraßenzeit nahekam. Auch der Anbau auf der Seite der Lerchenfelderstraße stammt aus jener Zeit und stört das symmetrische Gleichgewicht der Fassade beträchtlich. Fürst Vinzenz Auersperg, der die verändernden Bauarbeiten in Auftrag gegeben hatte (bei Architekt Gandolph Kaiser, der auch das Palais Kinsky renovierte), veranstaltete nach Fertigstellung des Palais einen Galaabend, an dem das Kaiserpaar, Franz Joseph I. und Elisabeth, der Hofstaat und der Hochadel teilnahmen. Später hat auch die populäre Fürstin Metternich hier ihre »Jours« abgehalten, und in dem längst zu einem Landschaftsgarten umgestalteten Park vertrieben sich illustre Gäste die Zeit.
Knapp vor Ende des Zweiten Weltkrieges (1945) war das Barockschloß Sitz der Widerstandsbewegung, und eine Gedenktafel erinnert an die österreichischen Patrioten, die eine Zerstörung Wiens verhindern konnten und den Grundstein für ein freies Österreich legten.
In den Jahren des besetzten Österreich war in dem schwer bombenbeschädigten Palais die Alliierte Militärpolizei einquartiert. In den fünfziger Jahren wurde »das Auersperg« grundlegend restauriert und revitalisiert, die Familie verkaufte den Besitz an ein Wiener Unternehmen. Bis Ende der achtziger Jahre befand sich im Auersperg-Palais ein Nobelrestaurant, das, durch das barock-moderne Ambiente der Räumlichkeiten und des Gartens, eine faszinierende Atmosphäre anbot, in der eine Welt erahnbar wurde, die es nicht mehr gibt.

Nahe dem Rofrano-Palais, in der »hinteren Alstergasse« entstand Anfang des 18. Jahrhunderts, auf den fast unverbauten Gründen beim Glacis ein weiteres Adelspalais.
Friedrich Karl Graf von Schönborn kam nach seiner Ernennung zum Reichskanzler durch Kaiser Joseph I. nach Wien. Da das ihm zugewiesene Logis in einem Teil der Hofburg, in dem die deutsche Reichskanzlei untergebracht war, nicht zusagte, sah er sich um eine passende Realität um, die seinen Vorstellungen repräsentativer Räumlichkeiten entsprach. Seine Wahl fiel auf einen Gartengrund samt Haus im außerhalb der Alser Straße gelegenen »Neuhof«, den er 1706 dem Landmarschall

Otto Ehrenreich Graf v. Abensperg-Traun abkaufte. Die architektonische Um- und Neugestaltung der Realität, nach den Plänen von Johann Lukas von Hildebrandt, nahm acht Jahre in Anspruch, sodaß der Reichskanzler erst 1714 das herrlich und prunkvoll eingerichtete und mit seltenen Kunstwerken – vor allem kostbaren Bildern alter Meister – ausgeschmückte »Sommerhaus« beziehen konnte. Von dieser wertvollen Privatgalerie berichtete Schönborn seinem Onkel, dem Kurfürsten von Mainz: »Meine Galerie ist nun fertig; ich möchte von ganzem Herzen wünschen, daß Eure Kurfürstliche Gnaden dieselbe sehen. Der ›totus thesaurus‹ besteht etwan in etlich rund 70 Stück, sie haben aber die Renomée einer besonderen Fürtrefflichkeit ...« Die Festlichkeiten, Gastmähler und Maskenbälle, die Schönborn in seinen prachtvollen Räumlichkeiten veranstaltete, standen im Ruf, die glanzvollsten des damaligen Wien zu sein.
Ebenso berühmt waren die Tulpen in Schönborns Park. Auch darüber berichtete der Reichskanzler stolz seinem Onkel: »Schließlich muß ich Ew. Kurfürstl. Gnaden erzählen, wie wunderschön und copios die Tulipane seyn, ich glaube schon 2000 Stück dem Hofe geschickt zu haben ... Ich höre, daß nichts Schöneres in der Welt als Qualität und Diversität der Anemonen und Ranunculi seyn, welche nunmehr in meinem Garten aufgegangen seynd ...«
Schönborn wurde 1729 zum Bischof von Bamberg und Fürstbischof von Würzburg ernannt und verließ Wien. Das Palais verlor mehr und mehr an Bedeutung, und die Erben des Bischofs zogen es vor, während des Winters im Stadtpalais zu wohnen, wohin sie die kostbaren Möbel, Kunstwerke und Bilder bringen ließen; im Sommer wohnte »man« auf dem Familienbesitz in Niederösterreich.
Ab der zweiten Hälfte des 18. Jahrhunderts lebten verschiedene adelige Familien als Mieter in dem Palais. Anfangs des 19. Jahrhunderts mietete sich der Sohn des »Millionenjuden«, Freiherr Wetzlar von Planckenstern, ein; die vom Vater übernommene wertvolle Bildergalerie, mit mehr als 200 Exponaten, konnte er in den Räumlichkeiten entsprechend unterbringen.
Es gibt Berichte, wonach der junge Wetzlar völlig verarmt das gemietete Palais aufgeben mußte. Eine andere Version besagt,

daß Wetzlar mehrere Häuser besaß und seinen 12 Kindern 5 Millionen Gulden hinterließ …
1845 gründete die Baronin Pasqualati ein Liebhabertheater in den Räumlichkeiten des Palais, das zwar großen Zuspruch fand, dennoch aber nur wenige Jahre existierte. Ihrem Ensemble gehörten unter anderem Karl Fichtner und Franz Jauner, der legendäre Direktor des Ringtheaters, an. Die Baronin erhielt zwar 1860 die Konzession für eine »öffentliche Bühne«, die sie jedoch aus finanziellen Gründen bald wieder sperren mußte. Julius Conradi kaufte der Baronin das Theater ab, dem er sogar eine Theaterschule anschloß.

Das Schönbornpalais, 1862 von der Gemeinde Wien erworben, die den Garten in einen Park umwandeln und das Gebäude renovieren ließ, wurde 1872 Sitz der neu gegründeten Hochschule für Bodenkultur und schließlich 1897 des k.k. Oberlandesgerichtes für Nieder- und Oberösterreich, sowie der k.k. Staatsanwaltschaft.
Seit 1917 befindet sich in dem Barockschloß das Museum für österreichische Volkskunde, das die Ende des vorigen Jahrhunderts begonnene Sammlung österreichischen bäuerlichen Lebens und österreichischer Folklore im allgemeinen bewahrt.
Das Museum wurde in den letzten siebzig Jahren mehrmals renoviert, die letzte Wiederinstandsetzung erfolgte in den achtziger Jahren unseres Jahrhunderts.
In den Museumsräumen, in denen folkloristische Kostbarkeiten zu sehen sind, gibt es immer wieder Sonderausstellungen, die sich mit dem traditionellen österreichischen Brauchtum im Laufe der Jahreszeiten beschäftigen.

Eines der wenigen noch bestehenden Palais ist das nach seinem Besitzer Karl August von Damian benannte Sommerschloß in der Lange Gasse. Es muß um 1700 entstanden sein, sein Architekt ist unbekannt. Das schlicht gehaltene Haus hatte einen Mitteltrakt, offene Arkaden und ein flaches Dach. Sicher ist, daß der k.k. Kameralhauptbuchhaltungsrat Daniel von Zepharovich 1773 Mathias Gerl mit dem Auftrag des Umbaues betraute. Das Schlössel wurde durch Seitenflügel erweitert, wodurch ein kleiner Ehrenhof zur Straße hin entstand.

Zepharovich vermietete dann das Haus an den kaiserlichen Hofagenten Karl Abraham Wetzlar, einen jüdischen Hofberater, der seinerzeit jung und bettelarm nach Wien gekommen war. Er hatte nicht einmal Geld für ein Quartier und mußte einige Zeit im jüdischen Spital unterkommen. Wetzlar fand schließlich bei Simon Wolf Oppenheimer, dem Sohn des berühmten »Hoffaktors« Samuel Oppenheimer, Arbeit und war clever genug, um innerhalb kurzer Zeit reich zu werden. Er konnte sich durch Heereslieferungen sanieren und galt 1760 als einer der reichsten Männer Wiens, dessen Vermögen man auf fünf Millionen Gulden schätzte. (Deshalb nannte man ihn den »Millionenjuden«.)

Als Finanzberater des Hofes erhielt Wetzlar 1777 den Freiherrnstand und konnte sich fortan von Plankenstern nennen. Wetzlar war zwar enorm reich, er liebte es aber auch, Geld mit vollen Händen auszugeben. Er ließ das Palais neu und aufwendig ausgestalten und den Garten, der damals bis zu den Piaristengründen reichte, neu anlegen. In dem überreich dekorierten Festsaal gab es glanzvolle Hausfeste, zu denen der Millionär – als Kunstförderer – die prominenten Künstler der Zeit einlud. Mozart lernte im Hause Wetzlars Daponte kennen und wohnte 1782/83 in Wetzlars Stadtpalais bei der Hohen Brücke, wobei man annehmen darf, daß er als Freund des Freiherrn auch im Josefstädter Palais »zu Hause« war. Dem Musikgenie überaus zugetan, protegierte Wetzlar Mozart, wo immer er konnte. Er nahm auch als Subskribent an den drei Mittwochkonzerten teil, die Mozart in der Fastenzeit 1784 gab.

Der Lokalhistoriker Hans Rotter, der ein zum Palais gehöriges Haus »Strobelhof« nennt, erwähnt, daß sich in einem Teil des Palais von 1865–1885 die Dependance einer Josefstädter Heilanstalt befunden habe. Rotter verweist auch auf einen prominenten Mieter des Palais Damian: den berühmten Journalisten, Herausgeber und Besitzer des »Neuen Wiener Tagblattes« Moritz Szeps, der hier zwischen 1885–1897 gewohnt hat. Wenn auch in den Tagebüchern der nicht minder berühmten Tochter Berta Szeps-Zuckerkandl kein Hinweis hinsichtlich dieser Wohnperiode zu finden ist, läßt sich dennoch diese Adresse nicht von der Hand weisen. Da die Familie Szeps vorher im Palais Liechtenstein am Alsergrund wohnte, konnte eine gewisse

Vorliebe für vornehme Wohnungen bestanden haben. Berta Zuckerkandl äußerte einmal ihrem Schwager Clemenceau gegenüber: »Es sind die barocken Palais, die Wien diese einzigartige architektonische Gestalt geben!«
Moriz Szeps, ein hervorragender Journalist und »Zeitungszar« nach heutigem Vokabular, galt als nahestehender Freund des Kronprinzen Rudolf. Zur gleichen Zeit wohnte auch der Gründer der »Neuen Freien Presse« Dr. Th. Hertzka in dem Barockpalais. Aber erst in der Gründerzeit konnte man die Josefstadt einen »Zeitungsbezirk« nennen.
Anfangs des 20. Jahrhunderts war im Damian die Bayrische Botschaft untergebracht. In den Jahren nach dem Zweiten Weltkrieg zog der Österreichische Kriegsopferverband in das Palais ein.
Einige und doch zu viele Palais, die seinerzeit die Szenerie der aufblühenden Vorstadt bestimmten, sind verfallen oder wurden abgetragen. So gab es auch ein »Katharinenschlössel« in der heutigen Tigergasse, von dem nicht mehr bekannt ist als ein topographischer Hinweis.
Die Palais wurden nicht immer desolat, oft auch nur abgetragen, weil sie der Erschließung neuer Baugründe im Weg standen. Geblieben sind alte Stiche oder Veduten, auf denen so manches dieser reizenden Sommerschlößchen bezeugt wird.
In der heutigen Kochgasse befand sich einst der Sommersitz des Gottlieb Eckhardt von der Thänn. Ein kleines Palais, das eher wie eine feudal ausgestattete Villa aussah. Es hatte eine schlichte, wenig gegliederte Fassade mit einfachen Fenstern und Türen. Gartenseitig wirkte der Bau durch eine vorgelagerte, quer-ovale Halle, eine elegante Freitreppe und eine mit Statuen verzierte Balustrade wesentlich pompöser.
Man hat später Eckhardt von der Thänn als Besitzer des Schlössels in Frage gestellt und den Grafen Schlick als Eigentümer des »Lustschlössels« angenommen. Dokumentiert ist dies aber nicht.
Eckhardt von der Thänn war allerdings zur fraglichen Bauzeit kaiserlicher Zahlmeister von Joseph I. und leitete um die Wende vom 17. zum 18. Jahrhundert die gesamte Verrechnung des Baues von Schloß Schönbrunn. Durch seine Verbindungen und finanziellen Möglichkeiten wäre der Bauauftrag in der Jo-

sefstadt durchaus denkbar gewesen. Die Art der Architektur sprach für Fischer von Erlach, wobei die Ähnlichkeit der Baupläne mit anderen Schlössern wie Engelhartstetten oder Neuwaldegg diese Annahme bestärkte. Auch Graf Schlick konnte als Auftraggeber bei Fischer von Erlach gewesen sein – er war mit dem berühmten Barockkünstler befreundet.
Ende des 18. Jahrhunderts wurde das zauberhafte Sommerschloß samt Garten demoliert. Es stand bei der Erschließung neuer Baugründe im Weg!
Ein ähnliches Schicksal erlitt das Palais Hocke – ein reizendes Schlössel, inmitten eines überaus gepflegten Gartens (es stand auf Gründen der späteren Kupkagasse – Josefstädter Straße – Krotenthallergasse).
Salomon Kleiner hat das Schlößchen – nach einem Kupferstich von Johann August Corvinus – auf einer Vedute verewigt. Darauf ist das Gartenpalais zu sehen, im Grundbuch als »einfaches Haus« bezeichnet, dessen Baukosten entsprechend hoch gewesen sein müssen. In den Grundbüchern von 1717 und 1718 sind sogar Hypotheken vermerkt.
Dr. Martin Hocke, Sohn des einstigen Stadtschreibers Dr. Nikolaus Hocke, des Verfassers eines in Druck erschienenen Berichtes über die Belagerung von 1683, vom Kaiser in einfachen Adelsstand erhoben, erreichte selbst eine angesehene Position; unter anderem war er Kanzleivorstand des niederösterreichischen Landmarschallgerichtes (einer für Adelige zuständigen Rechtsinstanz) und Mitglied der Ritterkurie der niederösterreichischen Landstände.
Wie aus dem Kaufvertrag des Jahres 1711 hervorgeht, erwarb Dr. Hocke »im Vorstadtbereich, im Hinteren Lerchfeld in den Neuen Sätzen, auch Plaich genannt« acht zusammenhängende Ackergründe, auf denen das »barocke Schmuckkästchen« mit einem kunstvoll gestalteten Garten errichtet wurde.
Wie auf dem vorerwähnten Bild von Salomon Kleiner ersichtlich ist, hatte das kleine Palais einen vorspringenden dreigeschossigen Mitteltrakt und schmale Seitenflügel. »Ein kleines Plateau vor dem Gebäude mit Vor- und Rückschwüngen schmaler Stufen ist der Auftakt für eine ganze Parterre-Komposition.« Im Garten setzten sich diese Schwünge fort, die Rabatten hatten ebenso geschwungene, spiralige Beetornamente:

Palais des Landschreibers Hocke in der Josefstadt, Zeichnung von Salomon Kleiner, um 1725.

»Geradezu eine musikalische Komposition in Linien und Bewegung ... es ist, als ob ein kleines Orchester, das im Vordergrund um einen Tisch versammelt, die Gartenformen in Musik umzusetzen versuchte ...« Wie so oft war auch hier der Architekt unbekannt.
Nach Hockes Tod konnte die Familie den Besitz anscheinend nicht mehr erhalten. Ein späterer Besitzer war Graf Haugwitz, und Aufzeichnungen sprechen sogar vom »Haugwitzschlössel«.

Bereits 1768 ging ein Teil der Baulichkeiten an die k.k. Hofkanzlei, der als Stallungen genützt, dann zum Forsthaus umfunktioniert wurde. Man brachte in diesen Räumen die »k.k. Venerie« für die kaiserlichen Jagdhunde unter. Der Eingang zur Venerie lag an der Stelle des heutigen Hauses Josefstädter Straße 58. Gegenüber dem Tor (in der heutigen Florianigasse) befand sich quer über die »Alsbreite« (nach 1800 Vorstadt Breitenfeld) der »Hund auf Lauff«, ein eingezäuntes Areal, auf dem man die Hunde abrichtete. Ein Teil des einstigen Schlössels wurde als Kaserne benutzt.
1850-1853 kam es zur Errichtung einer großen neuen Kavalleriekaserne, wobei man sehr bald die ungünstige Platzwahl erkannte. Die Verbauung schritt fort, dadurch ergaben sich erhöhte Brandgefahr, außerdem sanitäre Probleme und nicht zuletzt auch »Ärgernisse mit den Soldaten«.
Immerhin, in nächster Nähe befand sich das »k.k. Zivilmädcheninstitut« – so manches Mädchenherz wurde in Unruhe versetzt, wenn des Kaisers Husaren und Ulanen »schnittig-fesch« hier vorbeiritten, in Trab, versteht sich, wenn man auch vorher mit Elan herangaloppiert war ...
Die Kavalleristen sorgten für »Sensationen«. Der tragische Ausgang eines Duells zwischen zwei jungen Offizieren sprach sich ebenso herum, wie ein kaserneninterner Exzeß zwischen polnischen Ulanen und ungarischen Husaren, bei dem sogar Kameraden aus einer nahegelegenen Kaserne zur Schlichtung des Streites herbeigeholt werden mußten.
Bei einer Demonstration gegen die Einführung der Verzehrssteuer im Jahre 1830 wurde das Lerchenfelder Linienamt von einer renitenten Bevölkerung erstürmt und demoliert. Einge-

Palais Damian: Barockes Tor und Ehrenhof.
Aquarell von K. V. Mayr, 1951

Die 1850-1853 erbaute große neue Kavalleriekaserne.

Die Reitschule des Grafen von Paar in der damaligen Alsergasse, um 1719.

setzte Kavalleristen aus der nahen Kaserne gingen gegen die Demonstranten vor und trieben sie auseinander.
Auch in den Revolutionstagen 1848 beteiligten sich Mannschaften als »Mobile Einsatztruppe« bei den Kämpfen.
Als eine »Sensation« besonderer Art registrierte man den Besuch des deutschen Kaisers Wilhelm II. beim 13. Husarenregiment am 27. April 1897.
Mehrmals brachen Brände aus; das erste Großfeuer ereignete sich im Juli 1881 um 2 Uhr nachts. Ein Furagemagazin brannte, und das Feuer verbreitete sich rasch, sodaß die angrenzenden Häuser in der Fuhrmannsgasse äußerst gefährdet waren.
Aber die Feuerwehr konnte den Brand innerhalb kurzer Zeit abgrenzen und löschen.
Ein katastrophaler Brand, der in der Kaserne ausbrach, tobte im April 1899 – die brennenden Schindeln fielen von den Dächern in die nächstgelegenen Gassen und brachten Häuser und Menschen in Gefahr. Diese Brandkatastrophe konnte erst in den Morgenstunden lokalisiert werden. Der Magistrat erreichte endlich, was er seit Jahren wollte: der Brand wurde zum entscheidenden Anlaß, daß die Kaserne schließlich 1910 demoliert wurde. Die Gründe wurden parzelliert und verbaut. Im Zuge der Neuaufschließungen entstand der Hamerlingplatz.

Zwischen Laudongasse und Florianigasse, wo sich heute das Durchhaus des Melkerhofes befindet, stand seinerzeit das sommerliche Refugium des Grafen Dietrichstein. Von diesem Besitz sind keinerlei Abbildungen vorhanden. Bekannt blieb nur, daß der Gastwirt Philipp Piffl, der den Großteil der Liegenschaft erworben hatte, das Schlößchen demolieren und den ausgedehnten Garten parzellieren ließ. Mitte des 19. Jahrhunderts wurde dann mit dem Bau des Melkerhofes begonnen.
Zeitgenössisch von Bedeutung war die Paar'sche Reitbahn, die sich über die Areale von der Laudongasse über die Skodagasse bis zur Daungasse erstreckte.
Graf Josef Ignaz Paar, Freiherr von Hartberg, erwarb 1700 diese Gründe in der »Alstergasse« und ließ hier eine großartige »Reuthschule« ausbauen.
Graf Paar, weltbekannt als Obrister Reichspostmeister (sein Stadtpalais befand sich in der Wollzeile, wo auch das Haupt-

postamt untergebracht war), selbst ein renommierter Reiter und Pferdekenner, hat ursprünglich die Josefstädter Besitzung für Sommeraufenthalte gewählt, ließ dann jedoch die prachtvolle Anlage im Stile der Zeit Kaiser Karls VI. errichten. Von wem die Reitschule erbaut wurde, ob von Fischer von Erlach oder Lukas von Hildebrandt, ist ungeklärt; jedenfalls ist von diesem barocken Kleinod nichts erhalten geblieben, abgesehen von den Kupferstichen von Johann Adam Delsenbach und Salomon Kleiner. J. B. Küchelbecker hat in seiner »Allerneuesten Nachricht vom Römisch-Kaiserlichen Hofe« (Hannover 1732) ausführlich geschrieben: »... Die Gräflich Paar' sche Reuthschule ist sowohl mit guten Pferden und demjenigen versehen, was zu dennen Exercitiis zu Pferde und zum Caroussel nöthig, als auch prächtig gebauet, rings mit schönen Gallerien umgeben und mit vielen zierlichen Statuen versehen ist.«
Das Hauptgebäude stand mit der Front zur Alserstraße, die Reitschule hat sich wahrscheinlich über die ganze Skodagasse erstreckt. Hinter dem Schloß lag ein »feiner Garten« mit verschnörkelten Rasenarabesken und zugestutzten Taxusbäumen; dieser Garten, der mit seiner Gestaltung den Barockstil der Baulichkeiten ergänzte, war »als Muster des französischen und holländischen Gartenstils« angelegt.
Vom Erbauer und Gestalter dieser Anlagen heißt es, »daß er wegen seiner herrlichen Qualitäten, insbesonderheit wegen seiner vortrefflichen und weltberühmten Geschicklichkeit im Reutten renommirt war, wobei orbiter (an dieser Stelle) anzumerken ist, daß man sowohl in – als außerhalb Teutschland nicht leicht bessere Bereutter als in Wien antreffen wird.«
Das Areal blieb bis 1753 im Besitz der gräflichen Familie Paar. Die Gründe kamen dann in Besitz des Grafen Esterházy, später des Grafen Wilczek; 1783 erfolgte die Parzellierung des Areals, um Raum für die Verlängerung der Kochgasse bis zur Alserstraße zu gewinnen.
1790 erwarb Johann Josef von und zu Liechtenstein das Palais, das 1870 vom Tischlermeister Karl Leistler erworben wurde. Ihm dienten dann die Räumlichkeiten für industrielle Zwecke. Allmählich wurden die ganzen Gründe verbaut. Am Anfang unseres Jahrhunderts stand auf einem Teil der Paar' schen Reitbahn das Stadttheater.

Von den einstigen Sommerpalais mit den weitläufigen parkähnlichen Gärten, die den Reichtum der Hocharistokratie repräsentierten, fielen die meisten den Ereignissen der Zeit zum Opfer oder verwahrlosten. Mit den Prunkbauten versank eine kulturgeschichtlich bedeutende Ära.
Die berühmte Lady Montague, die Wien Anfang des 18. Jahrhunderts besuchte, notierte in ihren Reiseberichten: »Ich muß gestehen, ich habe nie etwas so Vollkommenes, so Angenehmes und Reizenderes gesehen als die Wiener Vorstädte. Die großartigen Barockbauten, von begnadeten Baumeistern in die freie Landschaft gestellt, hinterließen bei mir einen unvergeßlichen Eindruck.

Kirchen, Klöster, Schulen

Um der »seelischen Not« seiner Untertanen, die in türkische Gefangenschaft geraten waren, huldvolle Hilfe angedeihen zu lassen, berief Leopold I., ein frommer Sohn der Kirche, die spanischen Mönche der Trinitarier 1678 nach Wien.
Der 1198 gegründete Orden sah seine Mission darin, in Gefangenschaft geratene Christen freizukaufen. Nach der Türkenbelagerung hatte ihr Auftrag traurige Aktualität.
Über Vermittlung des Grafen Harrach genehmigte der Kaiser »einen bequemen Platz außerhalb der Stadt« für die Errichtung eines Klosters und einer Kirche. Somit erhielten die Trinitarier, auch »Weißspanier« genannt, Gründe »auf einem langen Hügel am rechten Ufer des Alsbaches«. Auf dem Grundstück standen zwei Häuser, die von einem Garten umgeben waren.
Die Patres agierten sehr schnell. Innerhalb eines Jahres konnte eine Kapelle eingeweiht werden, im gleichen Zeitraum hielten die ersten 16 aus der Gefangenschaft befreiten Christen feierlichen Einzug in das kleine Gotteshaus.
Mit Hilfe nächster Interventionen und Grunddotationen konnten die Trinitarier ein Kloster errichten, in dem sich im 1. Stock sechs Zellen für den christlich-islamischen Gefangenenaustausch befanden.
Nach Vergrößerung der Kapelle und einem eher improvisiert erweiterten Kirchenbau konnte der Orden schließlich 1695 den Grundstein für ein großes Gotteshaus legen. An dem Festakt nahmen der Kaiser, der gesamte Hofstaat und hohe kirchliche Würdenträger teil. Die 1702 konsekrierte Kirche wurde später Gnadenort des heiligen Antonius.
Der Trinitarierorden, der über 900.000 Christen aus der türkischen Gefangenschaft befreite, teils durch Lösegeld, teils durch Gefangenenaustausch, wurde 1783 von Kaiser Joseph II. aufgehoben. Seine Mission hatte der Orden bis dahin längst beendet.
Kloster und Kirche gelangten in der Folge an die Minoriten (einem nach den Regeln des heiligen Franziskus lebenden Orden). Auf kaiserlichen Wunsch übernahmen die Patres die Seelsorge im Allgemeinen Krankenhaus und später auch im nahegelegenen Gefangenenhaus.

Zeichnung der Alserkirche, die 1695 vom Trinitarierorden (den Weißspaniern) errichtet wurde.

Der frühbarocke Sakralbau mit zweitürmiger Fassade und hohem Turmhelm war der Heiligen Dreifaltigkeit geweiht und wurde später eine Stätte besonderer Antoniusverehrung. Die vielen Votivtafeln im Kreuzgang des Klosters bezeugen die wundersame Hilfe des verehrten Heiligen. Das im Volksmund als »Alserkirche« bezeichnete Gotteshaus gilt noch heute als »Sorgenwinkel der Wiener«.

Knapp vor der Wende zum 18. Jahrhundert, als in der Vorstadt Josefstadt nur 66 Häuser standen (2 in St. Ulrich, 14 in der Josefstadt, 20 am Alsergrund und 30 im Altlerchenfeld), gelang es dem Orden der Piaristen, zwischen Burg- und Schottentor mit ihrer Ordens- und Schulgründung Fuß zu fassen. Die Piaristen, die sich »Väter der frommen Schulen« nannten, sahen ihre Hauptaufgabe darin, fundiertes Wissen in geregelter Unterrichtsform zu vermitteln. Der spanische Orden kam Mitte des 17. Jahrhunderts in die österreichischen Erblande, gründete unter anderem in Horn/NÖ ein Kloster und tendierte nun nach Wien, um dem Schulwesen neuen Auftrieb zu geben. 1684 ging der Ordensprovinzial Pater Floridus mit einigen Mitbrüdern nach Wien, um die Möglichkeiten einer Ordens- und Schulniederlassung zu sondieren und um die kaiserliche Genehmigung anzusuchen.
Die Jesuiten hatten damals im Wiener Schulwesen eine Art Monopolstellung und wehrten sich dementsprechend, um ihre Vormachtstellung zu behaupten. Für die »Streiter Gottes« waren die »Brüder der frommen Schulen« jedenfalls eine Konkurrenz. Die Piaristen kämpften gute zehn Jahre um ihre Rechte – das kaiserliche Dekret für die Niederlassung des Ordens und die Schulgründung wurde erst 1696 ausgestellt.
Ebenso zog sich der Ankauf der passenden Baugründe über Jahre. Erst über Vermittlung des Grafen Hoyos, der sich sehr für die Piaristen einsetzte und den in Wien weilenden Patres in seinem Palais Unterkunft gab, konnte Pater Floridus mit dem Marchese Malaspina in Kontakt und ins Geschäft kommen. Der Marchese überließ den Piaristen die noch in seinem Besitz befindlichen Areale im Rottenhof und bei den Ziegelöfen in einer Ausdehnung von 672 Quadratklaftern (1 Klafter = ca. 1,7 m) zu einem Preis von 10.000 Gulden. Zu Weihnachten

1697 war der Kaufvertrag samt dazugehörigem Gewährbrief perfekt.
Bereits im Jänner 1698 wurde der Bau einer Kapelle im Konvent als Bethaus der Ordensleute in Angriff genommen, und die Patres hielten schon in dem nach ein paar Monaten stehenden Rohbau des Gotteshauses ihre erste Messe.
Im Frühjahr 1698 begannen die Vorarbeiten für die Errichtung des Klosters (und die Inbetriebnahme einer eigenen Ziegelbrennerei). Die Grundsteinlegung für das Kollegium fand am 2. September 1698 statt; das Datum hatte die Hofkanzlei festgelegt. Die aufwendigen Vorbereitungen für diese Zeremonie sprechen für die Bedeutung des Festaktes. Am Festplatz wurde eine provisorische Kapelle installiert und ein Zelt für die Festgäste aufgestellt. Die Ausgestaltung des Zeltes übernahm Malaspina. Zwei Tage vor dem Festakt überbrachte ein Hofbeamter den Grundstein für das Kloster mit einer in Goldschrift geprägten Widmung.
Den Festtag beging man entsprechend würdig – mit dem Kaiser und seiner Familie, dem Hochadel und den Klerikern. Fürstbischof Graf Trautson hielt die Festmesse mit großer und adeliger Assistenz.
Nach zweijähriger Bauzeit stand der Rohbau des Klosters, in den die Patres schnell einzogen, um den Schulbetrieb aufnehmen zu können.
Das nach den Plänen des Horner Baumeisters Bartholomäus Hochhaltinger errichtete Kollegium wurde nach mehreren Bauperioden in den zwanziger Jahren des 18. Jahrhunderts vollendet. Das Sommerrefektorium mit den berühmten Deckengemälden und Medaillons von Franz Anton Maulpertsch entstand erst 1731.
Mit dem Bau der Kirche, für den bereits 1702 die ersten Pläne (von Baumeister Hochhaltinger) vorlagen, begann man erst 1716, nach Entwürfen von Lukas von Hildebrandt. Zur Fertigstellung des Sakralbaues durch Matthias Gerl kam es erst Mitte des 18. Jahrhunderts, da wiederholte Änderungen die Ausführung verzögerten.
Erwähnenswert ist der Zeitpunkt der Rohbaueindeckung (die Fassade war bis zum Hauptgesims fertig), weil nun mit dem Kuppelbau des Presbyteriums, der Sakristei, der Beichtkapelle und dem Oratorium begonnen wurde.

Die Entstehung des Gnadenbildes »Maria Treu«, das über dem Ziborium, dem von Säulen getragenen Überbau über dem Hochaltar, steht und der Piaristenkirche den spezifischen Namen gab, geht auf eine Legende um den Josefstädter Maler Josef Herz zurück:
1713 wütete wieder die Pest in Wien. Der Maler und seine Frau waren bereits von der todbringenden Krankheit infiziert. In seiner Not betete der verzweifelte Kranke zur Heiligen Maria um Hilfe, zu dem Bild, das er als Kopie des Marienbildes aus der Piaristenkirche St. Pantaleon in Rom besaß. In seiner Verzweiflung legte er das Gelübde ab, das Gnadenbild für die neue Kirche nach der römischen Kopie anzufertigen, wenn er vom Tod verschont bliebe. In jener Nacht starb seine Frau, er aber wurde gesund. Unverzüglich erfüllte Josef Herz sein Versprechen. Dem Madonnenbild fügte er noch einen zierlichen Blumenkranz als Umrahmung hinzu, wodurch es sich von der Darstellung in Rom unterschied.
Auch die Mariensäule vor der Kirche stammt aus dem Pestjahr.
Die kunstgeschichtliche Bedeutung der Piaristenkirche mit dem spätbarocken Kuppelbau beruht nicht nur auf der eigenwilligen architektonischen Gestaltung dieses Sakralbaues, mit dem konvexen Mittelteil der Fassade in der Art der italienischen Kirchen, mit der eindrucksvollen Säulengliederung, den Risaliten und seitlichen, einrahmenden Pilastern. Auch der nach einem komplizierten Grundriß entstandene Innenraum, mit dem kaum abgeflachten Oval unter der flachen Kuppel, den nach innen schwingenden Wänden des konvexen Mittelteiles fasziniert in seiner Ungewöhnlichkeit, gekrönt von den imposanten Deckenfresken des berühmten Barockmalers Franz Anton Maulpertsch, den der bekannte Kunsthistoriker Prof. Karl Ginhard als »letzten großen Freskanten des Abendlandes« bezeichnet hat.
Die Fresken in der Piaristenkirche haben Experten als »Frühwerke« des Künstlers erkannt; dennoch vermitteln die in ihrer Komposition und Symbolik einzigartigen Darstellungen, die die weite Skala menschlicher Empfindungen erfassen und biblisches Geschehen mit zeitgeschichtlichen Ereignissen verknüpfen, die begnadete Genialität dieses Künstlers.
Die Orgel in der Piaristenkirche hat erst nach ihrer Erneue-

Kirche, Kollegium Maria Treu und Löwenburgisches Konvikt der Piaristen nach den ursprünglichen Plänen (lav. Federzeichnung von P. Coelestin Vogl, um 1750).

Innenansicht der Piaristenkirche.

Gnadenbild Maria Treu, 1713.

rung, Ende der fünfziger Jahre des 19. Jahrhunderts, Bedeutung erlangt. Das in seinem Klang hervorragende Instrument stammt von Friedrich Bukow, einem bekannten Orgelbauer seiner Zeit.
Einer der ersten, der sich von der hohen Qualität des Klanges überzeugen konnte, war Franz Liszt.
Anton Bruckner legte hier vor einem fünfköpfigen Konsortium, zu dem unter anderem sein Lehrer Simon Sechter, der Chordirigent Johann Herbeck und der Direktor des Konservatoriums, Josef Hellmesberger d. Ä., gehörten, am 21. November 1861 eine »praktische Kompositionsprüfung« ab, bei der der Aspirant ein gegebenes Thema zu einer Fuge zu verarbeiten hatte. Bruckner beeindruckte durch sein Spiel und seine perfekten Improvisationen so sehr, daß Herbeck ausgerufen haben soll: »Der hätte ja uns prüfen sollen ...!«

Die Schule der Piaristen, die 1701 eröffnet wurde, stand sehr bald in gutem Ruf; der Unterricht umfaßte in den ersten Jahren Schreiben, Rechnen, Lesen sowie die Anfangskenntnisse in Latein. Die bestehenden fünf Klassen teilte man in drei deutsche mit 378 Schülern und 2 lateinische Klassen mit je 75 Schülern. Im dritten Schuljahr besuchten bereits fast 100 Schüler die in vier Klassenzügen geführte lateinische Schule. Im Falle eines Weiterstudiums mußten die Absolventen der vier Klassen bei den Jesuiten eine Art »Reifeprüfung« ablegen. Diese waren den Schülern »der Konkurrenz« jedoch nicht wohlgesinnt und forderten in den meisten Fällen eine Wiederholung der letzten Klasse.
Um die Schikanen der Jesuiten zu beenden, bemühten sich die Piaristen um Zuerkennung eines vollständigen, sechsklassigen Gymnasiums, die sie im September 1735 erhielten.
1765 wurde die lateinische Unterrichtssprache durch Deutsch ersetzt.
Generell war das Schulwesen in jener Zeit im argen und dringend reformbedürftig. Ein Schulwesen, das, auf Wien bezogen, auf eine 500jährige Geschichte zurückblicken konnte. Kaiser Friedrich II., der Wien bekanntlich zur kaiserlichen Stadt erhoben hatte, war um die Bildung des Volkes ungemein besorgt gewesen. Auf seine Veranlassung wurde die erste nachweisbare

Schule in Wien gefördert: die Bürgerschule zu St. Stephan, die 1237 urkundlich bestätigt ist. In ihr lehrten vier »Meister« die »vier freien Künste«. 57 Jahre später werden Schulen »bei St. Michael« und »im Spitale« bestätigt.
Ein fundierter Lehrplan wurde erst 1559 bekannt, als der Rektor der Bürgerschule, Kleinschütz, dem Magistrat den Unterrichtsplan seiner fünfjährigen Schule vorzulegen hatte: Neben Religion, deutscher Sprache und Schreibkunst wurde auch Latein und Griechisch unterrichtet, ferner Dialektik, Redekunst, Weltweisheit und Mathematik.
In den späteren Jahrzehnten des 16. und beginnenden 17. Jahrhunderts zeichnete sich mehr und mehr ein Verfall des Schulwesens ab; der Bericht des Rektors von St. Stephan an den Magistrat (1623), er habe bei Amtsantritt weder Schüler noch Lehrer, spricht für sich.
Der allgemeine Unterricht war mehr als unzulänglich. Schlecht ausgebildete Lehrer, nicht selten abgerüstete Soldaten, übten das Lehramt völlig unkontrolliert aus. Es gab sogar »bürgerliche Schulmeister«, die »umherziehend« Unterricht gaben.
In der Josefstadt beauftragte ein Pfarrer Hilarus den Totengräber (!), arme Kinder unentgeltlich zu unterrichten. Er hatte eine schöne Handschrift und einige Fertigkeit im Rechnen, das mußte doch genügen, um elementares Wissen zu vermitteln ...

Erst die Jesuiten, von Ferdinand I. nach Wien berufen, wollten das Schulwesen neu bewerten, und es gelang ihnen sogar, eine Vormachtstellung zu erreichen. Nach Übernahme der Universität führten sie einen der Bürgerschule ähnlichen Unterricht allerdings mit sehr hohem Niveau ein und gründeten außerdem eine Schule Am Hof und in St. Anna. 1572 veranlaßte der Wiener Bürgermeister Georg Brandstetter die Eröffnung einer ersten Mädchenschule. Die Schule zu St. Stephan war »nur mehr« eine deutsche Schule.
Allgemeine Bildung blieb den Begüterten vorbehalten, die ihren Kindern Privatunterricht ermöglichten. Die meisten Kinder blieben Analphabeten.
Maria Theresia, der die Allgemeinbildung ihrer Untertanen sehr am Herzen lag und die daher für die Schule als grundlegenden Bildungsweg plädierte, berief 1770 den Pädagogen Abt Jo-

hann Ignaz von Felbiger zum »Generaldirektor des Schulwesens«, um es durchgreifend zu reformieren. Eine der ersten Veranlassungen war die Order, die Stephansschule zur »ersten Muster- und Normalschule« zu erklären.
Die »Allgemeine Schulordnung für die deutschen Normal- Haupt- und Trivialschulen in sämtlichen Erbländern« vom 6. Dezember 1774 regelte das Schulwesen neu, das erst unter Joseph II. obligat wurde.
Elementar wurden die »Trivialschulen« mit zwei Klassenzügen bei zwanzig Wochenstunden in Religion, Lesen, Schreiben und Rechnen, als Vorbereitung für den Besuch von normalen und höheren Schulen gedacht. Das Schulgeld belief sich auf 13 Gulden im Jahr, dazu kam ein »Tinten- und Holzbeitrag«. Arme Kinder wurden vom Schulgeld dispensiert.
1775 eröffneten die Piaristen ihre erste vierklassige Normalhauptschule und zwei Jahre später die erste Trivialschule der Josefstadt.
Die Piaristen konnten, von der Kaiserin als qualifizierte Lehrer hochgeschätzt und gefördert, ihren Ordensobligationen entsprechend nachkommen. Ein dem Rektor der Piaristen überreichtes Hofdekret ermächtigte zur Grundbeschaffung für eine weitere neue Schule. Die Wahl fiel auf den Garten des Kollegiums, wobei das konventeigene Haus »Zum roten Ochsen« teilweise abgetragen wurde. Nach der Grundsteinlegung im Juli 1777 konnte der Schulbetrieb noch im selben Jahr (November) aufgenommen werden. Der erste Schulleiter war Benedikt Jäger. Sein Nachfolger Franz Gaber schloß der Trivialschule eine Mädchenarbeitsschule an.

Das in den dreißiger Jahren jenes Jahrhunderts entstandene Löwenberg-Konvikt beruhte auf der testamentarisch verfügten Stiftung des Grafen Johann Jakob von Löwenburg, k.k. Geheimer und Hofkammerrat und Obergespan im Königreich Ungarn. Er hinterließ dem Konvent 12.000 Gulden als Stiftungskapital, wozu dann, unter Berücksichtigung bestimmter Auflagen, sein gesamtes in Österreich befindliches Vermögen kam. Das Testament wurde von Löwenburgs Schwiegersohn, einem Grafen Gaisruck, angefochten; nach einem Vergleich erhielten die Piaristen rund 85.000 Gulden aus der Verlassenschaft Löwenburgs. 1732 begann man mit dem Bau des Konviktes, das 1739 vollendet war. Ein paar Jahre später bezogen die ersten vier »Stiftlinge« das Internat. Anfangs der 60er Jahre richteten die Patres im ersten Stock des »Roten Ochsen« ein Spital für die Zöglinge ein; es war durch eine steinerne Stiege mit dem Konvikt verbunden.

Erwähnenswert ist die aus maria-theresianischer Zeit stammende Einrichtung der Konviktkapelle sowie das Deckengemälde von Maulpertsch in der Bibliothek.

Durch die Mittelschulreform von 1849 konnten die Piaristen endlich ein achtklassiges Gymnasium führen, das Ende der sechziger Jahre säkularisiert wurde. In einer Publikation zum Säkularisierungsthema heißt es: »Der Umstand, daß die Patres ... von Anfang an im Gegensatz zu den Jesuiten die Gebote des Staates in Schulangelegenheiten als auch für sich verbindlich auffaßten, erleichterte den Behörden ihr Amt und die dem lange vorbereiteten Zug der Entwicklung entsprechende, nicht nur die Piaristen angehende Erklärung: Wenn der Staat die Lehrer besolde, müsse er auch das Recht haben, sie anzustellen, und wenn er die Sorge für eine Lehranstalt übernehme, habe diese in seine Hände gelegt zu werden ...«

Die Schule hat bis heute ihren elitären Ruf erhalten. Schon Waldmüller und Bauernfeld waren Schüler der »Piaristen«, wie später Anton Wildgans und Max Mell, die Ärzte Hans Hoff, Alexander Hryntschak, oder Vatroslav Jagić, der Schöpfer der modernen Slawistik.

In den Bücher füllenden Listen der Piaristen-Absolventen begegnet man den Namen späterer anerkannter Wissenschaftler, Künstler und Persönlichkeiten des öffentlichen Lebens.

Der beherrschende Kirchenbau schuf mit dem seitlich anschließenden Konvent, dem Löwenburgkonvikt und der Schule einen in seiner Geschlossenheit eindrucksvollen Platz, der zu den schönsten von Wien gehört. Die Fronleichnamfeiern, die heute wie einst vor und um »Maria Treu« begangen werden, haben noch den Glanz und die Pracht alter Traditionen, und die Zeremonien, die den wirkungsvollen Platz als Kulisse haben, vermitteln die Mystik des liturgischen Geschehens.

Maria Theresia, die mütterliche Herrscherin.

Ihrer Majestät fleißige und tüchtige Untertanen …

Maria-theresianische Zeit. Ära einer Frau auf dem Habsburgerthron, vom Schicksal zu dieser Rolle bestimmt. Epoche neuer geistiger Strömungen und sich abzeichnender kulturgeschichtlicher Veränderungen und Reformen. Vier Jahrzehnte zwischen Kriegen und Frieden.

Maria Theresia, die »mütterliche Majestät« ihrer Länder im allgemeinen und ihres geliebten Wien im speziellen, wurde zur Symbolfigur einer gloriosen Zeit, auf die sich das österreichische Nostalgiebewußtsein noch immer gerne beruft.

Die Bauleidenschaft der Herrscherin hat mittelbar dazu beigetragen, daß sich in der Vorstadt jenseits des Glacis eine rege Bautätigkeit abzeichnete.

Es war, wie man in unserer Zeit zu sagen pflegt, ein »Bauboom«, durch den, nach Ansicht der Lokalhistoriker, die Geschichte der Josefstadt begann.

Die aus uralten Verkehrswegen und düsteren Hohlwegen entstandenen Gassen und Straßen verbanden allmählich die einzelnen, eigenständigen Dörfer, die bis in die Mitte des 19. Jahrhunderts als »Vorstädte« galten und anläßlich der Stadterweiterung von 1850 zum »Bezirk Josefstadt« zusammengeschlossen wurden.

Eine der ältesten Verbindungen war die in ost-westlicher Richtung verlaufende »alsterstrazz«; in der Gegenreformation als »Kreuzweg« berühmt, führte sie vom Schottentor nach Hernals. Im beginnenden 18. Jahrhundert standen hier niedrige Häuser zwischen Gärten und Feldern, Wirtshäuser, die gerne »zu den Felbern« hießen, da bekanntlich die Alsufer von Weidenbäumen (Felbern) gesäumt waren. Es gab auch ein Einkehrgasthaus »Zur Elster«, das mit dem Begriff Elster-Alster in Zusammenhang gebracht werden kann. Seit mehr als hundert Jahren bildet die Alser Straße die Grenze zwischen der Josefstadt und dem Alsergrund.

Die Lerchenfelder Straße war bis in die Zeit nach der »Türkennot« ein »Fahrtweg nach Ottakrinn« hinaus. Ob dieser Weg

einst die Fortsetzung der 1314 erstmals genannten »Chremserstrazz« war, läßt sich nicht beweisen. Bekannt war die Bezeichnung der »Chremserstrazz vor dem Wibmertor gen sand ullrich«.
Es könnte sich sogar um die im 15. Jahrhundert existente Landstraße gehandelt haben, die als »bayrische Strazz von der Burg ausgehend« verlief. Eine diesbezügliche Erwähnung scheint 1535 auf.
Lokalgeschichtlich bekannt war dann die »Rofranogasse«, der untere Teil der Lerchenfelder Straße, die sich weiter westlich durch Felder und Weingärten zog. Hier standen ebenfalls kleine unscheinbare Häuser mit schmalen Gassenfronten und vielfach riesigen schmalen Höfen und verbliebenen »Weingärten, deren jedes Haus eines bei sich hatte«. Man hat später jeweils zwei bis drei Häuser verbunden, um entsprechende Frontbreiten zu schaffen.
Die Josefstädter Straße geht ebenso auf einen sehr alten Fahrweg zurück, zwischen Äckern und Weingärten verlaufend, der zum »Gut Lerchfeld« und nach »Ottakrinn« führte. Unsere Josefstädter Straße hieß zwischen 1690 und 1780 Burggasse, später »Kaiserstraße« und galt als Grenze zwischen den Vorstädten St. Ulrich, Strozzengrund und Altlerchenfeld einerseits, und der ursprünglichen »Vorstadt Josefstadt« andererseits. Die jetzige Skodagasse geht auf einen alten Hohlweg zurück, als weitläufige Verbindung zwischen den frühen Dörfern. Dieser begann in der Roßau, führte über die freiliegenden Gründe des nachmaligen Armenhauses und späteren Allgemeinen Krankenhauses weiter über Ottakring bis in das Wiental. Das auf einem Höhenrücken verlaufende Teilstück zwischen Als und Ottakringer Bach scheint um 1430 als »teuffe (tiefer) Weg« auf. Erst nach Abbruch der zur Zeit Maria Theresias entstandenen Kavalleriekaserne erhielt der Straßenzug (in diesen Jahren »Kaserngasse«) Mitte des 19. Jahrhunderts den jetzigen Namen.
Als wichtige »Quergasse« sei die Lange Gasse genannt, in der schon sehr früh Häuser standen. Ursprünglich hieß sie »Hinter den alten Ziegelöfen« und »Hinter dem Ziegelofen«, eine Zeitlang auch »Hauptstraße«. Als »Neue Gasse« bzw. »Hofgasse« reichte sie bis in die Gegend der Florianigasse. Mit der Bezeich-

nung »Lange Gasse« rechtfertigte der einstige Feldweg die lange Strecke der Verbindung zwischen den Vorstädten.
Im Zusammenhang mit der Verbauungswelle vor und nach 1700 entstanden die Laudongasse – ursprünglich ein Feldweg »Im Wampenberg«, dann die »Hintere Alstergasse« auch Herrengasse genannt –, die Lederergasse – auf parzellierten Gründen eines Hofbarbiers, ursprünglich »Gmain« – (Gemeinde) Gasse benannt. Den späteren Namen leitete man von einer Hausbezeichnung »Zur großen Haut« ab. Durch Aufschließung der Areale »Beim kleinen Schlössel« ergab sich die Schlösselgasse. Damals entstand weiters noch die Florianigasse, bis Ende des 18. Jahrhunderts »Schottengasse« genannt. Ein Haus »Zum Heiligen Florian« ergab schließlich die heutige Benennung.
Die uns bekannte Auerspergstraße hieß bis in die Gründerzeit »Am Glacis« wie die Lenaugasse eine Zeitlang auch »Johannesgasse« genannt wurde. Der »Rote Hof«, der sich in unseren Tagen als stilles, verträumtes Sackgäßchen präsentiert, hieß seinerzeit »Im Roten Sack« und sollte mit der späteren Benennung an den »Rottenhof« erinnern, der allerdings an anderer Stelle gelegen war.
Als es noch keine Häusernumerierung gab, mußte man sich nach den Häusernamen, besser gesagt nach deren Hauszeichen und -schildern orientieren. Man wohnte also im Haus »Zum Dattelbaum«, »Zum Korsikanerhut«, »Zum Hahnenbeiß«, »Zum Goldenen Sattel«, »Zum Grünen Geiger« ... »Zum Goliat« und »Zum Samson«, deren Benennungen eine Vorgeschichte haben.
Die Erbauer der beiden letztgenannten Häuser, beide Gewerbetreibende in der Stadt, waren gute Freunde, wenn auch hinsichtlich ihrer Körperkräfte Nebenbuhler. Im Laufe der Jahre hatten sie sich ein kleines Vermögen gespart. So beschlossen sie, sich in der neuen Vorstadt anzukaufen und ihre Häuser nebeneinander zu errichten, wie es ihrer langjährigen Freundschaft entsprach. Immer wieder erprobten sie ihre Körperkräfte, um endlich eine Entscheidung herbeizuführen. Nun sollten sie, wie es der damaligen Sitte entsprach, ihrem Haus einen Namen geben und diesen durch ein entsprechendes Hauszeichen symbolisieren. Eigenartigerweise hatten sie jedoch die

Der »Rote Hof«, eine Sackgasse, die früher als »Im Roten Sack« bezeichnet wurde. Sie soll an den einstigen Rottenhof erinnern, auf dessen Areal das Palais Auersperg errichtet wurde.

Die Dreifaltigkeitsgruppe über dem Portal des barocken Bäckerhauses in der Lange Gasse.

Das Radlmayerhaus stand noch Anfang dieses Jahrhunderts. Nach seinem Abbruch (1909) etablierten sich hier 1910/11 die Wiener Stadtwerke/Gaswerke.

gleiche Idee, ihre Körperkraft im Hauszeichen zum Ausdruck zu bringen. So wählte der eine »Samson«, der andere »Goliat«. Das war im Grunde genommen naheliegend, für die beiden jedoch eine unliebsame Überraschung: Die Streitfrage um den Stärkeren tauchte neuerlich auf – wurde aber niemals entschieden.

Berufe benannten – das »Bildhauerhaus«, das »Stukkaturerhaus«, oder »Zu den drei Bindern«.

Kunstvoll gestaltete Hauszeichen und -schilder waren erklärendes Sinnbild und phantasievolle Aussage: »Zur roten Bretzen«, »Zum schlummernden Löwen«, »Zum Osterlamm«, »Zur Hoffnung«, »Zur Unmöglichkeit« (bildlich durch ein einen Berghang hinauffahrendes Schiff dargestellt); verständlicher waren religiöse Motive: »Zur heiligen Barbara«, »Zum Heiligen Josef«, »Zum Heiligen Florian«, »Zur Flucht nach Ägypten« ..., aber dies ist nur eine bescheidene Auswahl einer sonst seitenfüllenden Aufzählung.

Als einfachste Form bezeichnete der Erbauer oder Besitzer sein Haus mit seinem Namen als »Radlmayerhaus« oder »Altschafferhaus«.

Das in der Josefstädter Straße liegende »Radlmayerhaus« hieß ursprünglich »Zur Reichskrone«. Das Haus war durch Heirat mit der »Erl. Ehrentugendsamen Jungfrau« Maria Christine Wagner in den Besitz von Johann Radlmayer, eines in ganz Wien bekannten Wirtes gekommen, der einige Veränderungen vornehmen ließ. In der Folge sprach man einfach vom »Radlmayerhaus«. Johann Radlmayer, ein gebürtiger Kremser, war in jungen Jahren in die Kaiserstadt gekommen, mit dem Wunschtraum im Kopf, hier das große Glück zu machen. Das dürfte ihm auch hold gewesen sein.

Als Dreißigjähriger war er bereits »Bestandswürth des Wirtshauses »Zum Schwarzen Bären« in der Roßau, einem sehr gut besuchten Lokal, in dem die Schiffleute von Passau, »Crembs« und der Wachau verkehrten.

Wenige Jahre später führte der Wirt das berühmteste Gasthaus des damaligen Wien »Zur Mehlgrube« (jetzt Hotel Krantz); trotz hervorragendem Geschäftsgang hatte Radlmayer immer wieder finanzielle Schwierigkeiten, jedenfalls war das Josefstädter Haus mehr und mehr mit Hypotheken belastet.

Im Kollegenkreis galt der »Zuagraste« – in abwertendem Sinn – als »Streithansl« und unseriöser Geschäftspartner. Er hatte bereits den Titel eines »Äußeren Rates«, als er in eine unliebsame Affäre verwickelt war, die viel Staub aufwirbelte: einen mit Handschlag besiegelten Hausverkauf an Ziegelmayer, den Wirt des Matschakerhofes, zog er in letzter Minute mit der Begründung zurück, von einem Kauf gar nichts zu wissen. Das Gericht wies die Klage mangels Zeugen zurück.
Ob es die unmittelbar aufeinanderfolgenden Todesfälle seiner Mutter, seiner Frau und seiner 21jährigen Tochter waren, die ständigen Geldsorgen oder das cholerische Temperament, die den plötzlichen Tod des 86jährigen herbeiführten (Schlaganfall), blieb eine ungeklärte Frage. Wenige Wochen nach Radlmayers Tod wurde das gänzlich verschuldete Haus um 10.000 Gulden versteigert.
Jahrzehnte später wohnten im Hinterhof des »Radlmayerhauses« Handwerker mit seltenen Berufen, wie »Wappenmaler«, »Himmelträger« und »Harpfenmacher«.
An der Stelle des längst verkehrsbehindernden Radlmayerhauses, das 1908 demoliert wurde, steht jetzt die Direktion der städtischen Gaswerke.

Das »Altschafferhaus«, das als eines der ältesten Häuser im Lerchenfeld dem begüterten k.k. Stadtunterkämmerer Altschaffer gehörte, gelangte aus verschiedenen Gründen zu Berühmtheit. Der Hausbesitzer selbst erreichte das beachtliche Alter von 103 Jahren, was in jener Zeit zweifellos sensationell war. Mitte des 18. Jahrhunderts lebte hier der legendäre Goldschmied Josef Straßer mit seiner Familie, dessen Erfindung eines diamantenähnlichen Bleiglases zu seiner Zeit schon Aufsehen erregte. Straß-Schmuck ist heute noch ein effektvolles Accessoire und aus der gestylten Abendmode nicht wegzudenken. Josef Straßer jedoch lebte mit Frau und Töchtern jahrelang bürgerlich-bescheiden, möglichst unauffällig, recht und schlecht. Wenn er im Ruf stand, ein »komischer Kautz«, ein Zauberer, sogar ein Betrüger zu sein, so lag dies an den geheimnisvollen Experimenten, die durch die ungestillte Neugierde der Nachbarn noch mysteriöser wurden. Nach jahrelangen erfolglosen Versuchen hatte der Schmuckerzeuger Glück: ihm

gelang die Imitation täuschend echt wirkender Brillanten, die Aufsehen erregten, schon damals, als er mit Frau und Töchtern eine Tanzveranstaltung am »Mehlmarkt« besuchte. Vor allem die als Türkinnen maskierten Mädchen, die mit den gleißenden, bunten Steinen geschmückt waren, erregten Aufsehen und Neid. Sogar die Polizei zweifelte an der Unechtheit des Schmuckes, und Straßer mußte, als Betrüger und Hochstapler verhaftet, am Ende der rauschenden Ballnacht ins Gefängnis.
Als man Kaiser Franz I. von diesem Fall »reportierte«, nahm sich der Monarch, ein großer Kenner von Edelsteinen, der Sache an und war von der gelungenen Imitation fasziniert. Bei der »geneigten« Audienz sagte Seine Majestät dem Erfinder volle Unterstützung zu; Maria Theresia ließ eine ansehnliche Summe aus ihrer Privatschatulle überbringen, um den Erfolg des beglückten Erfinders zu fördern.
Straßer hatte insbesondere mit den imitierten grünen Steinen Glück und Erfolg. Der berühmte Optiker Peter Dollond, während des Straßerschen Eklats gerade in Wien, wandte sich umgehend an den »Kollegen«. Dollond arbeitete gerade an seiner in der optischen Wissenschaft revolutionierenden Erfindung achromatischer Fernrohre. Straßers »grüner Glasfluß«, eine Verbindung von Flint- und Kronglas, durch den zuerst farbenfreie Gläser gewonnen wurden, trug dazu bei, daß Dollond seine Entdeckung finalisieren konnte.
Straßer ging später nach Paris und wurde durch seine »Pierres de Straß« wie er seine Kreationen nun nannte, ein angesehener und reicher Mann. Er konnte nur in späteren Jahren mit seinem Erfolg und seinem Reichtum nicht mehr umgehen und starb schließlich völlig veramt – um 1800 – in Paris.
Die Geschichte Straßers aus der Zeit des maria-theresianischen Wien wurde 200 Jahre später in einem bezaubernden Singspiel wieder lebendig. Alexander Steinbrecher hat mit seinen »Brillanten aus Wien« dem legendären Schmuckerfinder auch ein musikalisches Denkmal gesetzt. Die modische Unvergänglichkeit des beliebten und effektvollen Straßschmuckes ist auch heute nicht abzustreiten.

Als die Lange Gasse noch »Hinter dem Ziegelofen« hieß, stand hier das neue Barockhaus »Zur steinernen Dreifaltigkeit«,

symbolisiert durch eine kleine auf Sandsteinwolken schwebende »Dreifaltigkeitsgruppe« über dem Haustor. 1701 erwarb der »bürgerliche Bekh« Peter Reingruber das Haus und richtete hier eine »Bekhbank« ein. Damit begründete er eine lange Tradition, denn Generationen hindurch wurde hier Brot gebacken, neben »Eiergebäck« (dem Vorläufer des beliebten Briochegebäcks), Kipfel, Beugen und Bretzen.
1730 erwarb der Bäcker Martin Gassel das Haus, weshalb man dann jahrelang vom »Gasselbäckerhaus« sprach. 1856 ging die Bäckerei an Florian Punzmann, dessen Nachkommen heute noch Besitzer des Hauses sind.
1963 stellte die Bäckerei, eine der ältesten von Wien und von jeder Modernisierung unberührt geblieben, den Betrieb ein. Es war zu befürchten, daß die in ihrer ursprünglichen Form erhalten gebliebenen Backöfen, Backküchen und -stuben abgerissen würden. Dank der hartnäckigen Initiative des damaligen Gemeinderates Prof. Ludwig Sackmauer (gegenwärtig Leiter des Josefstädter Heimatmuseums, der für seinen unermüdlichen Einsatz zur Bewahrung lokaler Kulturgüter anerkennende und dankende Erwähnung verdient) blieb das alte Backhaus mit seinen ursprünglichen Räumlichkeiten erhalten. Heute befindet sich in dem restaurierten Gebäude ein reizendes Alt-Wiener Kaffeehaus, die »Alte Backstube« mit dem Bäckermuseum.
Bietet das originelle Museum die Besonderheit einer täglichen Öffnungszeit von 10 Uhr bis 20 Uhr, so verleitet der sauber gepflegte, rechteckige Hof mit den Pawlatschenbalkons und dem alten »Götterbaum« als stimmungsvolles Ambiente zum Verweilen.
Hinter dem kunstvollen schmiedeeisernen Gittertürchen versteckt sich ein kleiner Garten, unberührt und idyllisch, vergessenes Relikt des einstigen Malaspinaschen Parkes. Man denkt an Josef Weinhebers »Biedermeier«-Gedicht: »Der Herr Vater okuliert gelb und rote Rosen ...«
Im Zusammenhang mit der alten Tradition des Wiener Kaffeehauses – des Wieners liebste Institution – sei das 1703 in der Vorstadt St. Ullrich eröffnete bürgerliche »Cavehaus« des Andreas Pain genannt, das erste in einer Vorstadt. Andreas Pain soll laut »Bürgereidbuch« ein gebürtiger Armenier gewesen sein, und er erhielt das Bürgerrecht ausschließlich aufgrund sei-

Eingang in das alte Bäckerhaus, Lange Gasse.

Hof des Bäckerhauses mit Götterbaum.

ner Ausschank von »Theé, Caffeé, Chioccolata und anderen Sorbeten« ...
Andreas Pain, während der Schreckenstage 1683 kaiserlicher Kurier und Dolmetscher, gründete mit seinen Landsleuten da Lucca und Kämberg (Namen nicht verbürgt, wahrscheinlich verändert) eine Art Kaffeesiederverband, die »Wiener bürgerlichen Cavesieder«. Vorher gab es nur den »hofbereiten«, das heißt vom Kaiser direkt ermächtigten Cavesieder, wie es der Grieche Theodat (Diodato) war, der erste »Cavesieder« Wiens.
1720 erhielt die Josefstadt das erste Kaffeehaus in der Lange Gasse (31), eröffnet vom Cavesieder Baptist Seiler.

Der umsichtigen und vielseitigen Kaiserin ist es zu danken, daß mit Bescheid vom 10. März 1770 eine neu organisierte Bestandsaufnahme sämtlicher Häuser von Wien, inklusive der Vorstädte und -orte, durchzuführen war. Damit wurde die »Allgemeine Conscription« eingeführt, was eine durchgehende Numerierung bedeutete. Die Hofburg hatte Nr. 1, die Staatskanzlei erhielt Nr. 2, und das erste Haus am Michaelerplatz wurde als Nr. 3 bezeichnet. Die Durchführung dauerte infolge immer wieder auftauchender Schwierigkeiten und Widerstände in der Bevölkerung fünf Jahre.
Man sieht die in alter Schrift gehaltenen Zifferntäfelchen noch heute, mehr oder minder versteckt, auf alten Häusern angebracht, und eine drei- bis vierstellige »Conscriptionszahl« ist in äußeren Bezirken nicht selten. Die bisherigen Hauszeichen und -schilder hatten keine offizielle Gültigkeit mehr, wenn auch der Volksmund an der Benennung nach den ursprünglichen Hausbezeichnungen festhielt.

Die Zeitgeschichte spricht von einem aufblühenden Wohlstand in jener Epoche, und die Kriege, die Maria Theresia zu führen hatte, involvierten die Bevölkerung kaum. Das Leben ging für die Wiener weiter, mitunter so gewinnbringend, daß man sich eben in der zu besiedelnden Vorstadt ankaufen konnte. Bedingt durch die Vielschichtigkeit der hier Fuß fassenden Bevölkerung, ergab sich eine interessante Sozialstruktur.
Abgesehen vom Adel wurden hier Hofbeamte und Gewerbe-

treibende ansässig, auch Handwerker, die sich in den Hinterhöfen der ebenerdigen Häuser etablierten und mit ihren Betrieben den Weltruf des Wiener Handwerks begründeten. Künstler und Ärzte waren hier ebenso zu finden wie Taglöhner und Wanderhändler.
Bei Einsicht in die Annalen erfährt man von den kaiserlichen Offizieren und Hofbuchhaltern, Leiblakaien und Tafeldekkern, Türhütern und Hoftanzmeistern, Wachskörzlern, Perlmuttdrehern, Käsestechern und Summeliers, Hoftrompetern, Perückenmachern, Hofbarbieren und Hofärzten ...
So lebte am Anfang der Alserstraße der Leibarzt der kaiserlichen Familie Dr. Karl Wolfgang Freiherr von Lebzeltern. Der k.k. kaiserliche Hofrat Graf Leopold Kaunitz wohnte eine Zeitlang auch im »Bildhauerhaus« beim Glacis, der heutigen Auerspergstraße.
Ludwig Natali, Trabant des kaiserlichen Obristhofmarschallamtes, ließ sich in der nunmehrigen Fuhrmannsgasse nieder, im Haus »Zur Fortuna« in der gleichen Gasse war der »gemaine Stattpfeiffer« Stürzel zu Hause. Das sind aber nur wenige markante Adressen, die alle anzuführen den Rahmen des Buches sprengen würden.
Auch profanere Berufe verdienen Erwähnung: die »Wasserbrenner« etwa, die nach heutiger Bezeichnung Kaffeesieder waren; die »Häringer« von damals sind die Delikatessenhändler von heute, und aus dem »Fragner« wurde der »Greißler«.
In der Lenaugasse gab es das »Zuschrotterhaus« (ein verhältnismäßig schmales Haus mit fünf Fensterachsen und einem barocken Portal), das nach dem Beruf zweier Besitzer benannt war. Kaiserliche »Hofzuschrotter« waren Fleischhauer (die das Fleisch zuschrotteten, d.h. zerkleinerten).

Die einstige Berufsbezeichnung »Bratelbrater« löst unweigerlich die Assoziation mit köstlichen Braten und Würsten aller Art, Gekochtem und Geselchtem aus, und die Ahnung bestätigt sich. Die Bratelbrater, ein altes Gewerbe, waren die »Ahnherren« unserer Selcher, und die Annahme, sie könnten auch die Vorläufer unserer »Würstelstandler« gewesen sein, läßt sich nicht von der Hand weisen.
Die Bratelbrater hatten die Befugnis, ihre Bratöfen bei »größe-

ren Menschenansammlungen auf öffentlichen Plätzen« aufzustellen.
Sie gehörten in das Bild damaliger Wochen- und Jahrmärkte sowie Kirchweihfeste zu »Laurenzi« oder »Jacobi«.
Seit 1649 gehörten die »Bratelbrater« einer vom Magistrat bestätigten Bruderschaft (Genossenschaft) an, mit eigenen offiziell genehmigten Satzungen. Die Satzungsabänderungen von 1698 gestatteten unter anderem eine doppelt so lange Betriebszeit, außerdem die gewerberechtliche Regelung, daß Witwen die Konzession nicht mehr zurücklegen mußten, sondern auf Lebzeiten behielten, auch im Falle einer Wiederverheiratung.
Für die vielschichtige Bevölkerungsstruktur spricht der Bewohner des Hauses im Altlerchenfeld 24 (heute Josefstädter Straße 92), der Hauptmann der Rumorwache Filipp Senff, ebenso der »bürgerliche Branntweiner« Stoismann, der in St. Ullrich sein Geschäft hatte, wodurch die lange Tradition der wienerischen »Schnapsbudik« mitverbürgt ist.

Maria Theresia hatte dem sozialen Wohl und der Fürsorge entsprechende Effizienz gegeben, trotz Sittenstrenge und Moral, trotz Sittenkommission und Keuschheitspolizei. Der alternden Kaiserin lag insbesondere das Findelwesen am Herzen, und vielleicht war für sie der Bischof Kollonitz der »Spiritus rector« – denn er ließ wenige Jahre nach der Türkennot am heutigen Frankhplatz ein Findelhaus für ledige Mütter und uneheliche Kinder (»Besatzungskinder«!) errichten. Später entstand auf diesen Gründen das Großarmenhaus Wiens, das 5000 Menschen Unterkunft gab. Doch schon Joseph II. fand die Einrichtung nicht mehr zeitgemäß und löste die Anstalt auf. 1784 konnte das großzügig ausgebaute Objekt als »Allgemeines Krankenhaus« eröffnet werden.
Ein Heim, in dem unverheiratete Frauen ihre Kinder zur Welt bringen konnten, sowie eine Unterkunft für Findelkinder wurde bereits durch eine Stiftung der Gemahlin Leopolds I. im St. Marxer Spital eingerichtet. 1663 hatte Freiherr von Chaos durch eine private Stiftung ein Heim für Findel- und unerzogene Hausarmenwaisenkinder ins Leben gerufen, das auf den Gründen »im Strudelhof« gebaut wurde.
Aufgrund eines Hofdekrets, von Maria Theresia 1763 veran-

Joseph II. machte die sozialen Anliegen seiner Mutter später zu seinen eigenen. Lithographie von Heinrich Schlesinger.

laßt, sollten ledige Mütter eine Unterkunft haben, um ihre Kinder zur Welt bringen zu können. Die einzige Gegenleistung war ein viermonatiger Ammendienst. Die Säuglinge blieben so lange bei der Mutter, bis geeignete Kostfrauen gefunden waren. Der Mutter wurde absolute Diskretion zugesichert, der Vater blieb anonym.
Joseph II. setzte dieses Sozialwerk seiner Mutter fort, er ließ nicht nur in den Kronländern derartige Zufluchtstätten errichten, sondern unterstützte weitgehendst auch das Projekt eines Gebär- und Findelhauses, das schließlich in den Räumen des ehemaligen Trinitarierklosters eingerichtet wurde. Hier brachte man auch einen Teil der Chaosschen Stiftung unter. Selbstverständlich war Kaiser Joseph II. bei der Eröffnung anwesend und übernahm die Patenschaft über das erste aufgenommene Kind. Nach 122 Jahren erwies sich das Findelhaus in der Alser Straße trotz Zuziehen der benachbarten Häuser als zu klein, bereits unmodern geworden und unzulänglich. Die seit 1868 von Niederösterreich verwaltete Anstalt verlegte man in die Bastiengasse im 18. Bezirk. Der zweistöckige Neubau, von Kaiser Franz Joseph I. 1910 eröffnet, blieb bis 1922 das Niederösterreichische Landeszentralkinderheim. Seither ist das Heim eine gemeindeeigene Fürsorge-Institution.
In den zahlreichen Biographien und historischen Aufarbeitungen vom Leben und Wesen Maria Theresias, dieser »ersten Frau eines an der Spitze monarchischen Staatsgefüges« hat man ihre Mütterlichkeit und Fürsorgebereitschaft immer besonders hervorgehoben.
Wenn sie helfen konnte, tat sie es, herzlich und vorbehaltslos. Wie etwa im Fall der blinden Maria Theresia von Paradis, Tochter eines Regierungsbeamten. Sie übernahm die Patenschaft für das Mädchen und ließ sie in Sprachen und in Musik ausbilden. Die großen Erfolge ihrer Schutzbefohlenen hat die Kaiserin nicht mehr erlebt.
Die Gesangskunst und die Bildung der Blinden faszinierte die Gesellschaft und beeindruckte die Fachleute. Marie-Theres Paradis gelang es, als Konzertsängerin (Reisen nach London und Paris) wie auch als Gesangspädagogin auf eigenen Füßen zu stehen und für sich zu sorgen.
Die Lebenstüchtigkeit der Blinden nahm der Piaristenpater

und Wiener Magistrats-Sekretär Franz de Paula Gaheis zum Anlaß, sich für die Förderung blinder Jugendlicher einzusetzen. In einem »Entwurf zu einem Institut für blinde Kinder« berief er sich auf die Dringlichkeit einer Blindenanstalt und wandte sich mit diesem Anliegen auch an die Öffentlichkeit, um entsprechende Förderung zu finden.
Gaheis fand im Josefstädter Armenrat Johann W. Klein einen kongenialen Partner; der gebürtige Schwabe hatte bereits in Wohltätigkeitsangelegenheiten Berufserfahrung und unterstützte Gaheis' Bemühungen umso mehr. Klein wollte sogar in diesem Sinn ein Exempel statuieren und beweisen, daß Blinde in Gesellschaft und Berufsleben durch entsprechende Erziehung und Ausbildung integrierbar sind. Er nahm den neunjährigen Jakob Braun bei sich auf und unterrichtete ihn in den obligaten Gegenständen sowie in leichter Handarbeit. Klein konnte schließlich sowohl für sich, wie vor allem auch für Jakob Braun vollen Erfolg verbuchen, der eine Prüfung vor einer behördlichen Kommission hervorragend bestand.
Kleins Aktivitäten, ein eigenes privates Blindeninstitut ins Leben zu rufen, realisierten sich erst 1809. Klein übernahm als Direktor der Anstalt auch die Blindenerziehung und bemühte sich außerdem um eine Vorsorge- und Beschäftigungsanstalt für erwachsene Blinde, die ihn, wegen seiner unermüdlichen Hilfeleistung und Obsorge »Vater der Blinden« nannten.
Über die Beschäftigung seiner Schützlinge berichtete Klein ausführlich: »Die Arbeiten der Blinden sind ... größtenteils dieselben, welche sie als Zöglinge des Blindeninstitutes gelernt oder wenigstens den Anfang darin gemacht haben und nun durch anhaltenden Fleiß und Übung es dahin bringen, daß sie brauchbare und verkäufliche Ware liefern, um damit einen Teil ihres Unterhaltes zu verdienen ... Sie lernen Korbflechterei, Drechslerei, Tischlerei, Seilerei, Schuhmacherarbeit, Papparbeiten und Strickerei und pflegen die Musik ...«
Von den blinden Musikern, die in Kleins Institut ausgebildet wurden, konnten zwei erfolgreich werden: Thomas Zakreis wurde ein ausgezeichneter Geiger und trat mit einem voll ausgebildeten Blindenorchester in die Öffentlichkeit; dieses Orchester gehörte bald zu den beliebtesten Musikkapellen Wiens. Karl Rengstl zeichnete sich bereits als Zögling durch seine hohe

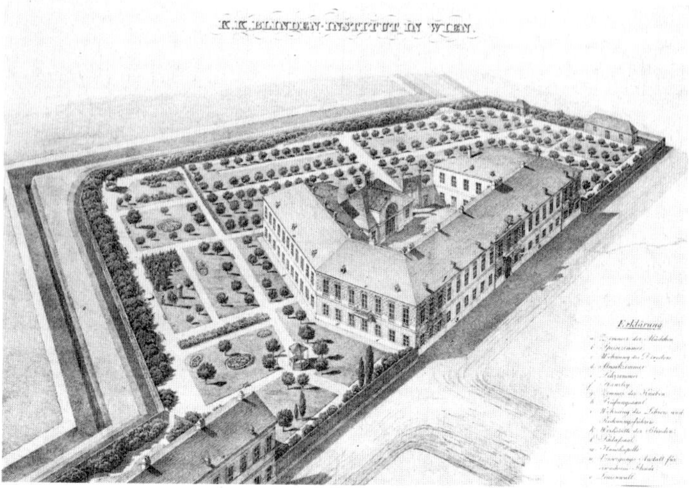

Das Blindeninstitut, das Johann W. Klein, »der Vater der Blinden« errichten ließ.

Das Findelhaus in der Alser Straße, das Joseph II. eröffnete.

Die Alser Straße bildet noch heute die Grenze zwischen dem 8. (rechte Bildseite) und dem 9. Bezirk (linke Bildseite, Allgem. Krankenhaus).

Der Albertplatz, auf dem damals noch der Isisbrunnen stand.

Musikalität aus und erreichte Virtuosität in Klavier, Violine und Zither. Im Institut führte er das Hausorchester und war schließlich Organist bei den Lazaristen in Wien.
Klein hat sich lebenslang für die Ausbildung und Förderung Blinder eingesetzt. Sein Institut ließ er immer wieder vergrößern, sodaß sich in der Brunngasse ein ganzer Anstaltskomplex ergab. 1862 wurde die Brunngasse in Blindengasse umbenannt. Das Lebenswerk des »Vaters der Blinden«, eine Ausbildungs-, Arbeits- und Heimstätte für die Behinderten, wurde in den Jahren nach dem Zweiten Weltkrieg abgetragen. Heute befindet sich an seiner Stelle eine Pensionsversicherungsanstalt.

Maria Theresia hinterließ ein reiches dynastisches, politisches und kulturelles Erbe.
Mit der »Allgemeinen Schulordnung« die sie erließ, begann alles: – der »Bildungsweg« und die Weiterentwicklung der Wissenschaft, deren Erkenntnisse und Ergebnisse wir zu nutzen lieben.
Zurück in die damalige Zeit, als die Schulgründungen zur Notwendigkeit wurden.
1776 wurde in der »Alstergasse«, nahe den Trinitariern, eine Trivialschule für Kinder der Vorstadt Alsergrund eröffnet, die man 80 Jahre später zur »Pfarrhauptschule der Alservorstadt« machte. Aus Mitteln des Schulfonds hatte man einen ungenützten Klosterstadel zur Schule umgebaut.
Den ersten »bgl. Schulmeister« Franz Spaloffty hatte man von Anfang an angewiesen, arme Kinder unentgeltlich zu unterrichten.
Ende des vorigen Jahrhunderts befand sich in der einstigen Schule das Stiftungshaus der Kirchbergs, eines alten Geschlechts, das sich genealogisch bis in das Jahr 1045 zurückführte. Da die Ehe des Freiherrn Christoph von Kirchberg mit der Gräfin Polixena von Seneschall kinderlos blieb, war es zu der Stiftung gekommen, die vor allem für Waisen genutzt werden sollte.
Besonders verdienstvoll wirkte der Breitenfelder Lehrer und Grundrichter Gaber, über dessen Schulgründung im folgenden Kapitel (Seite 93) berichtet wird.
1848 erließ das neu gegründete Unterrichtsministerium einen

Erlaß, wonach Normal- und Trivialschulen abgeschafft und durch einheitliche Volksschulen ersetzt wurden. Zu diesem Zeitpunkt gab es in der Josefstadt neben der Hauptschule der Piaristen, der Pfarrschule in der Laudongasse 2 noch 5 Trivialschulen, in der Florianigasse, Strozzigasse, Piaristengasse, Tigergasse und Breitenfelder Gasse.

Idyllisches Gartenstück, das an Weinhebers Biedermeier-Gedicht erinnern läßt.

Jüngste Vorstadt Breitenfeld

Die Getreidefelder »zwischen den Alsbreiten« und der »Eselhardried«, bereits im 13. Jahrhundert beurkundet, gehörten seit Jahrhunderten dem Schottenkloster, sieht man von kurzfristigen Besitzunterbrechungen durch den Deutschen Orden oder die Tiroler Gräfin Maultasch ab, die bekanntlich den Schotten die Fluren auf Dotationsweg zurückgab. So blieben die Gründe weiterhin landwirtschaftlich genutzt und erbrachten einen kleinen Anteil der Klostereinkünfte.
Bereits Ende der siebziger Jahre des 18. Jahrhunderts veräußerte der damalige Schottenabt Stadler ein paar Gründe; es war kein günstiges Geschäft, weil zu jener Zeit der Quadratklafter zu einem Grundpreis von 30 Kreuzern gehandelt wurde.
Nach Stadlers Tod wurde der 33jährige Benno Pointner sein Nachfolger. Ein vielfach ambitionierter junger Mann, mit Organisationstalent und wirtschaftlichen Fähigkeiten, klug und diplomatisch. Er konnte sogar den säkularisierungsfreudigen Joseph II. für sich gewinnen und eine kaiserliche Anerkennung der Stiftprivilegien erlangen; mit Ausnahme des Asylrechtspassus, der nicht mehr den damaligen Rechtsverhältnissen entsprach.
Die noch immer nicht glückliche Finanzgebahrung des Klosters mag die entscheidende Motivation dafür gewesen sein, daß Abt Benno Pointner das gesamte Terrain am Linienwall, also die »Alsbreite« und »Eselhardried«, 1801 zur Verbauung freigab. Der Grundpreis war bereits beträchtlich gestiegen – der Abt bekam jetzt für den Quadratklafter 3 Gulden und 30 Kreuzer. Die Verbauung vollzog sich rasch; innerhalb von drei Jahrzehnten war das Breitenfeld völlig verbaut. Die Statistik beweist es! Die ersten drei Häuser der jungen Vorstadt Breitenfeld waren 1802 fertiggestellt (heute Feldgasse 11 und 21 sowie Alser Str. 61). 1808 standen hier 20 Häuser, 1812 waren es 54 und 1830 schon 94 Häuser. So war das »Breitenfeld« die jüngste und kleinste eigenständige Vorstadt, die 1860, wirtschaftlich fundiert, mit 96 Häusern und 4.875 Einwohnern in die Vorstadt Josefstadt einbezogen wurde. Mit dem Namen des Schottenabtes Benno Pointner ist nicht nur die Entstehung der Vorstadt Breitenfeld

in Verbindung zu bringen. Er hat auch zur raschen Aufwärtsentwicklung der Vorstadt Schottenfeld beigetragen, jenes »Grundes«, der durch das Seßhaft-Werden der Seiden- und Samterzeuger berühmt wurde.
Nach heutiger Lokalisierung war die neue Vorstadt vom Linienwall, der Alser Straße, der Feldgasse und der Florianigasse umgrenzt. Da die Siedlungsentwicklung sozusagen »in einem Guß« erfolgte (nach den Plänen des Schottenpaters Selos) – also kein planloser Zubau verändernd dazukam –, ergab sich hier ein städtebauliches Novum: Man entwickelte die Straßenführungen in einem »Rastersystem«, »wie mit einem Lineal gezogen« – sodaß sich, folgerichtig, Rechteckplätze ergaben. Den Beweis dafür geben der Benno - und der Albertplatz.
Carl Georg Gaber, der erste Grundbesitzer am Breitenfeld, ist als Mitbegründer dieser Vorstadt in die Lokalgeschichte eingegangen. Der besonders fähige Pädagoge gründete 1800 im sogenannten »Holzhauerhaus« in der Josefstadt eine Erziehungsanstalt, die er dann in die Feldgasse (alte Consc. Nr. 9 und 11) verlegte und bis 1818 leitete. Über tausend Schüler sind »beim Gaber« ausgebildet worden.
Der »Lehrer aus Überzeugung« gründete auch die erste Volksschule im Breitenfeld und vergrößerte sie aus eigenen Mitteln um vier Klassenzimmer.
Gaber wurde von Abt Pointner als erster Grundrichter eingesetzt (ein Grundrichter hatte führende politische Funktionen, ihm standen sechs Beisitzer, ein Gemeindeschreiber und ein Gemeindewächter zur Seite), war Mitglied des »Äußeren Rates« und Armenbezirksrat.

Das Breitenfeld hat noch manche Sehenswürdigkeit zu bieten, wie etwa das »Gaberschlößl«, das sich der verdiente Schulmann am Albertplatz bauen ließ; in der Biedermeierzeit den Platz selbst, der an das Forum einer Kleinstadt erinnert, an dem nach wie vor unzählige Tauben herumgurren und -picken, als hätten sie den Markusplatz nach Wien verlegt ... Hier stand auch der berühmte »Isisbrunnen« – das erste schmiedeeiserne Kunstwerk Wiens, in der Eisenwerkstätte des Grafen Salm hergestellt. Er hatte ursprünglich die Funktion eines wasserversorgenden »Auslaufes« zu erfüllen, bespeist von der »Ottagrüner

Der noch heute relativ verkehrsarme Bennoplatz.

Blick aus der Florianigasse auf die Breitenfelder Kirche.

Wasserleitung« die von den Hängen des Gallitzinberges kam und die Josefstädter Reiterkaserne, die Hofstallungen und die Breitenfelder Bevölkerung mit Wasser versorgte.
Am Albertplatz gab es einst die Wiener Hydrotherapeutische Anstalt des Dr. Linhart, den die Leute höchst despektierlich »Wasserpritschler« nannten ...
Dem Albertplatz gab der Herzog Albert Kasimir von Sachsen-Teschen seinen Namen; er war der Schöpfer der »Albertinischen Wasserleitung«, und das von ihm auf der Augustinerbastei bewohnte Palais – das ehemalige Palais Taroucca – beherbergt heute die weltberühmte Graphische Sammlung Albertina.
Der Bennoplatz, ursprünglich als Bauplatz der Kirche gedacht, läßt, eher verkehrsarm, verträumte Vergangenheit nachempfinden, und die Biedermeier-Fassaden der ihn begrenzenden Häuser leisten ihren Beitrag. Seit das Dorotheum in der Feldgasse gesperrt wurde, ist es hier um einige Phon leiser geworden, wenngleich diese Durchzugstraße kaum mehr etwas von der einstigen Stille erahnen läßt.
Wo heute die (1950 in Betrieb gegangene) Bakteriologische Untersuchungsanstalt steht, befand sich 100 Jahre zuvor ein Frauenhospital, das in einer Zeit, in der es noch keine Krankenkasse gab, die Patientinnen kostenlos versorgte. Um die Jahrhundertwende waren in diesem Spital 170 Betten belegt.
In der Florianigasse, die seinerzeit wegen der nahegelegenen Reiterkaserne »Kaserngasse« hieß und nahe dem Linienwall Magazingasse, stand vor 150 Jahren ein Eckhaus, »Zum grünen Kranz« – ein Gasthaus mit einem Tanzlokal, das besonders von der Vorstadtbevölkerung aufgesucht wurde.
Lokalhistoriker sehen in der Errichtung der Breitenfelder Pfarrkirche »Zum Franciscus Seraphicus von Assisi« die architektonische Vollendung der damals jungen Vorstadt.
Der basilikale Kirchenbau in lombardischer Frührenaissance wurde nach den Plänen der Architekten Alexander von Wielemans und Viktor Luntz ausgeführt.
Der geistige Anreger des Baues war der verdienstvolle Carl Georg Gaber; eine entsprechend hohe Geldsumme, die Kaiserin Maria Anna, die Gattin Ferdinand I., 1835 zur Verfügung stellte, hätte die finanzielle Basis gegeben. Dennoch realisierte sich dieses Vorhaben erst Jahrzehnte später.

Als dieser dreischiffige Ziegelrohbau mit den zwei Fassadentürmen 1893–98 gebaut wurde, existierte bereits die Gürtelstraße, und die Vorstadt Breitenfeld war längst in den Bezirk Josefstadt einbezogen. Das Relief des Hl. Franciscus Seraphicus über dem Portal stammt von Richard Kauffungen, das darüber liegende Bogenfeld mit dem secessionistischen Christus-Mosaik entwarf Alfred Roller.
Von Rudolf Bacher stammt die »Geburt Christi« des einen, von Franz Xaver Zimmermann die »Kreuzabnahme« des anderen Seitenaltares. Taufbecken und Kanzel sind Werke Alexander Wielemans, eines Schülers von van der Nüll, Sicardsburg und Schmidt, für den seit 1961 im Pfarrhof ein Gedenkraum eingerichtet ist. Die Kirche wurde 1945 von Bomben schwer beschädigt; Hans Petermair hat sie wieder aufgebaut. Franz Deed schuf damals die neuen Fenster mit Grisaillemalerei.
Man hat der kleinen »Vorstadt Breitenfeld« immer wieder nachgesagt, daß sie zu den stillsten und verträumtesten Gegenden Wiens gehört – ein Retiro inmitten den Großstadtlärmes. Das zu entdecken, bleibt dem »Spurensucher« überlassen.

Hanswurstbühne auf der Freyung. Nach einem Stich von Johann Emanuel Fischer von Erlach und Johann Adam Delsenbach.

Die Theater in der Josefstadt

Als Maria Theresia, vom Adel dazu gedrängt, 1741 im bisher leerstehenden Ballhaus am Michaelerplatz das »Königliche Theater nächst der Burg« eröffnen ließ, soll sie resigniert gesagt haben: »Spectacel müssen eben sein!«
Spektakel liebten die Wiener seit eh und je, das lag irgendwie im Blut, schaulustig bei den verschiedensten Anlässen »dabei« zu sein, selbst dann, wenn das »Schaugepräge« mit morbidoider Mentalität zum Erlebnis wurde.
Man hatte auch den »Salzburgischen Sau- und Kraut-Schneider, ebenso Chirurgen« Josef Anton Stranitzky auf seiner Pawlatschenbühne auf der Freyung und am Neuen Markt begeistert aufgenommen, der trotz aller Verteufelung und Verbrennung durch die Theaterprinzipalin Karoline Neuber an die Unsterblichkeit seines »Hanns Wurst« glaubte. Zurecht.
Die »Spectacel«, die innerhalb der Stadtmauern das Publikum ergötzten, mußten den Weg in die Vorstädte finden.
Noch waren die Komödianten der Wanderbühnen, die Gaukler und Marionettenspieler, Tänzer und Musikanten, die »närrischen Nomaden des Thespiskarrens«, die »Spektakel-Bringer«, beklatscht und bejubelt von zufälligen Zuschauern.
Doch die Prinzipale waren des »Vazierens«, des Herumtreibens, allmählich müde, sie sehnten sich nach einer »stehenden Bühne«, nach einem Theater mit regelmäßigem Spiel, höherer Schauspielkunst und einem möglichst ständigen Publikum.
1776, als Joseph II. das kaiserliche Dekret für ein »Teutsches National Theater« unterschrieb, fand der Prinzipal Franz Jakob Scherzer, ein »richtiges Wiener Kind von Schrott und Korn«, für seine Wanderbühne im »Bauernfeindschen Saal« neben dem Palais des Fürsten Auersperg sein Theater, in dem er speziell für das Publikum der Vorstädte spielen wollte.
Der Prinzipal Scherzer bot ein vielfältiges Programm; Komödien und Volksstücke von Philipp Hafner und Josef Felix Kurz; er hatte den Mut, Shakespeare-Dramen, wie »Macbeth« und »Richard III.«, in Umarbeitungen aufzuführen, ebenso Ballette auf die Bühne zu bringen, wie auch die ersten Opern eines Wolfgang Amadeus Mozart zu präsentieren – einem Publikum,

das diese musikalischen Kostbarkeiten ansonsten in einem Hoftheater nicht hätte hören können.
Bei dem seßhaft gewordenen »Prinzipale« spielten und debütierten Schauspieler, die sich später auf anderen Bühnen – sogar am Burgtheater – bewährten.
Scherzer erkannte allerdings auch die Notwendigkeit, der Zeit entsprechend einen »Tüchtigen Kasperl« zu engagieren, den er in Josef Hasenhut, dem Vater des Anton Hasenhut, fand. Der Sohn wurde mit der von ihm kreierten Figur des »Thaddädl« berühmt.
Scherzer hatte sogar einen Dramaturgen, den herzoglich weimarischen Rat Friedrich Schmidt, der selbst Dramatiker, auch eigene Stücke hier aufführen konnte.
Die Wiener Theatergeschichte hat dem k.k. Theaterunternehmer Franz Scherzer keinen bedeutenden Platz zugewiesen, trotzdem er für die Entwicklung der Vorstadtbühnen einen wesentlichen Beitrag geleistet hat.
Als Scherzer seine Bühne in der Josefstadt aufgeben mußte (siehe Seite 42) und auf die Landstraße übersiedelte, waren die Josefstädter theaterlos.
Der Chronist Johann Petzl schrieb darüber: »... die Josefstadt und die ihr zunächst gelegenen Vorstadtgründe hatten, vorzüglich durch häufig daselbst angelegte Fabriken zwischen den Jahren 1780 und 1788 einen so hohen Grad von Wohlstand und Celebrität erreicht, daß unter den Bewohnern derselben der Wunsch, ein eigenes Theater zu besitzen, ziemlich allgemein wurde ...«
Bis die Josefstädter ihr eigenes Theater hatten, vergingen Jahre, Komplikationen und ungewollte Gesetzwidrigkeiten verzögerten die Realisierung.
1707 besaß das Ehepaar Philipp und Eva Moser in der Kaiserstraße 93 (der heutigen Josefstädter Straße) das Haus »Zum Goldenen Straußen«, das sie testamentarisch den Eheleuten Georg und Margarethe Lindner überließen. Nach deren Ableben erbte die Tochter Maria Anna den Besitz, deren Ehemann Michael Köck das bestehende Objekt für ein Schankhaus »Bey den Goldenen Straußen« umbauen ließ. Das Areal mit einem großen Hof und prachtvollen Garten umfaßte 800 m^2.
Köcks gediegen geführte Lokalität wurde zu einem bekannten

und beliebten Gasthaus, das vor allem die Bewohner der weiter entfernt gelegenen Vororte aufsuchten.
Köck erwartete sich, bei seinem Schwiegersohn Karl Mayer, von Beruf »Takteur« (= veraltete Form für Wirt), geeignete Hilfe und Unterstützung zu finden, da jener durch das Wirtshaus seines Vaters, »Bey den drei Federn« am Strozzengrund etwas Berufserfahrung haben mußte.
Der vermeintliche Wirt hatte allerdings ganz andere, viel höhere Pläne; er wollte zum Theater. Wenn es auch nur eine »Wanderbühne« wurde. 1787 wird er – nach verschiedenen Zwischenstationen in den Kronländern – als »Theaterunternehmer des Sommertheaters zu Brünn« genannt.
Mayer kehrte jedoch noch im Herbst 1787 nach Wien zurück. Sein neuer Plan war, seinen Schwiegervater zum Bau eines Theaters auf eigenem Grund zu überreden.
In der Biographie Karl Mayers erfährt man, daß er zwar kein bedeutender Schauspieler oder Charakterdarsteller war. Er spielte am besten sich selbst – komische Rollen, wie gutherzige, Alte, Ehemänner, die unter dem Pantoffel standen – erfolgreich. Mayer wurde später ein sehr beliebter Komiker und galt als »vergröberter« Vorläufer des populären Wenzel Scholz, der dann im Josefstädter Theater als Komiker Triumphe feierte.
Mayer erreichte endlich die Einwilligung Köcks, das Theater bauen und dieses auch durch Köck finanzieren zu lassen.
Der Wirt bewarb sich jedoch höchst persönlich um den Konsens, im geräumigen Hof und großen Garten seines Besitzes ein Theater errichten zu können; ebenso reichte er um die Bewilligung ein, »Schauspille auf firen zu Tirfen«. Köck reichte allerdings sämtliche Ansuchen bei nicht kompetenten Behörden ein (im gegebenen Fall war nicht die niederösterreichische Landesregierung, sondern der Magistrat Wien für die Lizenzen zuständig), was die Angelegenheit zwar nicht verzögerte, aber ungesetzlich machte. Der Bau wurde durchgeführt und am 28. Oktober 1788, so vermerkte der »Rapport von Wien«, konnte das »hiesige neue Schauspielhaus in der Josefstadt vor einer zahlreichen Gegenwart des Publikums« seinen Betrieb aufnehmen.
Das neue Theater, die dritte feste Bühne in den Vorstädten Wiens, war somit eröffnet – das kleinste Theater Wiens, denn

Ältester Titelkopf mit Privilegiumsvermerk und Kaiseradler.

mit einer Gesamtlänge von 20,5 m, einer Breite von 12,5 m, einer Länge des Zuschauerraumes von 10 m, Tiefe des Orchesterraumes von 2 m und Bühnentiefe von rund 6 m war es nur halb so groß wie das Theater an der Wien.
Das Theater wurde mit »Koketterie und Liebe« von Salomon Friedrich Schletter, Schauspieler und Souffleur, eröffnet.
Für sein Ensemble holte sich der Theaterdirektor größtenteils Akteure, die vorher beim Theaterunternehmer Roßbach in den Theaterhütten vor dem Burgtor und am Hohen Markt gespielt hatten sowie Schauspieler der Scherzer-Truppe.
Mayers Repertoire-Pläne waren hochfliegend, er wollte sogar Schillers »Räuber« aufführen, aber das Publikum bevorzugte das lustige Volksstück, in dem »Hanswurst vielgestaltig herumspukte« und die Lacher auf seiner Seite hatte.
Mayer konnte »sein« Theater 24 Jahre führen; er veranstaltete sogar – »ein früher Vorläufer Max Reinhardts« – auswertige Festspiele, auf Schloß Felsberg beim Fürsten Liechtenstein.
In jener Ära des ersten Theaterdirektors lassen sich sogar einige bedeutende Ereignisse feststellen. Hier war der künftige Theatermagnet Karl Carl erstmals zu sehen, hier debütierte 1814 Ferdinand Raimund in einem Lustspiel von Kotzebue, trat aber auch als Franz Moor auf. Jahre danach gab es einen weiteren Debutanten: Wenzel Scholz.
Trotz aller üblen zeitgenössischen Kritik muß das Theaterprogramm ganz zufriedenstellend gewesen sein, sonst hätte nicht die »K.k. vereinigte böhmisch-österreichische Hofkanzlei« dem Ansuchen Mayers stattgegeben. Ein im Österreichischen Staatsarchiv befindlicher Akt beweist, daß Kaiser Leopold II. das Privilegium für das Theater in der Josefstadt am 20. August 1791 erteilte. Es war ein Privileg – Mayer wurde sogar erlaubt, in der Fastenzeit Spektakel aufzuführen. Darüber hinaus gibt ein Bericht in der »Wiener Zeitung« vom 23. Februar 1791 Aufschluß, daß Kaiser Leopold II. in Gesellschaft Ihrer sizilianischen Majestäten das Theater besucht hat. 1795 soll Mayer die Direktion an die Pächter Ferdinand Eberl und Josef Sonnleithner abgetreten haben, die aber wegen zu geringer Theatererfahrung die Pacht zurücklegten. Ihnen folgte, wenige Monate später, Daniel Freiherr von Managetta, der ebenfalls zum Abtreten gezwungen war. Mayer übernahm nun selbst wieder die

Carl Friedrich Hensler, Theaterdichter und Direktor des Theaters in der Josefstadt 1822-1825.

Karl Carl, Direktor des Josefstädter Theaters 1826-1828 und 1830-1831.

Wolfgang und Therese Reischel, die Erbauer des heutigen Theatergebäudes.

Franz Pokorny, einer der bedeutendsten Direktoren dieses Theaters, ab 1840 auch dessen Besitzer.

Leitung und schloß das Theater bald danach für einige Zeit. Sogar die Pacht durch Scherzer hatte keinen Bestand – seine Darbietungen sollen »Schmiere« gewesen sein.
Schließlich war der Wirt vom »Straußen« an dem ganzen Unternehmen interessiert und beauftragte Josef Kornhäusel mit einem großzügigen Umbau.

Der neue Direktor Carl Friedrich Hensler, ein fähiger Theatermann und -kenner, eröffnete das Haus am 3. Oktober 1822 – dem berühmten Datum, an dem Beethovens Festouvertüre »Weihe des Hauses« zum ersten Mal erklang. Das anschließende, gleichnamige Stück von Karl Meisel hinterließ »nur wenig Eindruck«.
Die Erstaufführung von Raimunds »Verschwender« mit anschließenden 42 Wiederholungen innerhalb zweier Monate gehört zu den denkwürdigen Ereignissen der damaligen Josefstädter-Theater-Ära.
Nach Henslers Tod übernahm Karl Carl (Karl von Bernbrunn, der nachmalige Direktor des Leopoldstädter Theaters) die Direktion. Dem Theatermann paßte allerdings der eingeschränkte Rahmen der kleinen Bühne nicht, und sogar die Schauspieler, wie Ferdinand Raimund, der hier auch noch sein Stück »Moisasurs Zauberfluch« spielte, waren unzufrieden. Auch Wenzel Scholz, der in der beachtlichen Premiere von C.M.v. Webers »Oberon« auftrat (1827), fand nicht den erwarteten Erfolg. Direktor Carl, den das großräumigere Theater an der Wien wesentlich mehr interessierte, legte sein Amt zurück.
Der nächste Direktor hieß Matthäus Fischer, der das Theater noch mehr abwirtschaftete. Es kam sogar so weit, daß »die armen Komödianten von Haus zu Haus betteln gehen mußten, um für die Heizung des Theaters Holz zusammenzutragen«.
Das Schicksal des Theaters blieb wechselhaft wie das seiner Direktoren, die in den Jahren des Vormärz noch weniger erfolgreich waren. Damals sprang der Wirt und Besitzer des Objektes Reischel in die Bresche und ließ kurz entschlossen die hinteren Räumlichkeiten ausbauen, denen er den Namen »Sträußelsäle« gab; in der Biedermeierzeit wurden sie zur beliebtesten Vergnügungsstätte Wiens, wo der Strauß-Schani so lang aufspielte, bis die Schuhsohlen der Ballbesucher durchgetanzt waren.

Der Sträußelsaal in der Darstellung von Graf Vasquez, um 1827.

Das neue privil. k. k. Theater in der Josefstadt.

1834 nahm ein ganz neuer Mann das Schicksal des Josefstädter Theaters in die Hand und führte es zu neuer Blüte. Vielleicht der seltsamste in der ganzen Hausgeschichte: Er war Stadttürmer und Klarinettist in Preßburg und hieß Franz Pokorny. Franz von Suppé einerseits, die Dichter Elmer und Kaiser andererseits hatten ihren Anteil daran. Drei Jahre später konnte Pokorny das Theater käuflich erwerben, fünf weitere Jahre gehörte das Theater an der Wien dem bisher unbekannten Theatermann – Pokorny schaffte sogar eine Doppeldirektion.
In der Josefstadt dominierten Raimund und Shakespeare im Sprechstück, im Rahmen des Opernrepertoires brachte Pokorny Meyerbeers »Hugenotten«, Aubers »Die Stumme von Portici« sowie Lortzings »Zar und Zimmermann« und »Der Wildschütz« zur Erstaufführung. Daneben spielte er – eine ganze Modeepoche heraufbeschwörend – Zauberstücke und traf damit das Richtige für das Publikum.
Trotz aller Erfolge mußte Pokorny mitunter auch vernichtende Mißerfolge zur Kenntnis nehmen.
Pokorny war der erste, der seinen Autoren Tantiemen bezahlte, und er war der Erfinder der »Wandeldekoration«, die er in der Maschinenkomödie »Zauberschleier« erstmals ausprobierte. Das Stück wurde 375 Male aufgeführt! In den Revolutionstagen 1848 kam der sonst umgängliche Pokorny in eine Konfliktsituation mit dem Ensemble, das sich selbständig machte und auf eigene Faust in der Hernalser Arena »gastierte«. Das während der Revolution entstandene Theater wurde nicht »Filialbühne« der Josefstadt – sondern das nähergelegene Thaliatheater am Neulerchenfelder Gürtel, wo am 28. August 1857 jene denkwürdige Wiener Erstaufführung von Richard Wagners »Tannhäuser« stattfand.
Die Wiener Vorstadtbühne – deren Bezeichnung nicht mehr gerechtfertigt war, weil die Josefstadt bereits zum vergrößerten Wien gehörte – schloß sich in den letzten Jahrzehnten des vorigen Jahrhunderts dem Trend der Zeit an: sie spielte Operette. Trotzdem hielt sich »in der Josefstadt«, wo die Geistinger und die Gallmeyer ihre ersten Erfolge feierten, vorrangig das Volksstück. »Das vierte Gebot« von Ludwig Anzengruber, 1877 uraufgeführt, wurde zu einem der ganz großen Erfolge dieser Bühne. Das beliebteste Stück jener Zeit blieb die Bur-

leske »Der Böhm aus Amerika« von Brunno Zapperk, zu der der bekannte Komponist Max von Weinzierl die Musik schrieb. Und dieser Publikumsgusto spricht für sich ...
1899 übernahm der theaterbesessene Idealist und Routinier Josef Jarno die Leitung »der Josefstadt«. Zwar sicherte Jarnos Gattin, die elementare Volksschauspielerin Hansi Niese, die bisherige Repertoire-Linie, da sie mit ihrem kongenialen Partner Alexander Girardi das Volksstück zu neuen Ehren brachte. Es bleibt Jarnos großes Verdienst, nicht nur diesem Theater zukunftweisend die ihm eigene Linie verpaßt zu haben, er brachte den Wienern Strindberg nahe – für dessen Aufführungen er ein eigenes Ensemble zusammenstellte –, und er hat auch als großer Talententdecker später berühmten Künstlern zur Karriere verholfen.
Um seinen Kampf zugunsten Strindbergs auch finanzieren zu können, spielte er Pariser und Budapester Lustspiel-Konfektion.
Einem Theaterbesessenen war ein »Theater-Zauberer« gefolgt: Max Reinhardt.
Mit genialen Fähigkeiten ausgestattet, schwebten dem neuen Direktor große Pläne vor. Sie begannen mit der Vorstellung eines Umbaues im Stile des Teatro Fenice in Venedig.
Wenn diese Idee, dieser Traum, sich realisierte und sogar das Vorbild übertraf (Reinhardt »Ich habe in meinem Leben immer nur meine Träume verwirklicht!«), so hatte der »geschäftstüchtige Idealist« entscheidende Helfer: den Bankier Camillo Castiglioni, einem nach dem Ersten Weltkrieg ebenso reichen wie einflußreichen Geldmagnaten, der den Wunsch hatte, eine »kulturelle Tat zu vollbringen«, und den befähigten Wiener Architekten Prof. Carl Witzmann, der »ein Meisterwerk aus Geist und Seele« gestaltete, einen »vornehmen, warmen, man möchte fast sagen wohnlichen Patriziersalon, in dem Theater gespielt wird ...«
Am 25. März 1924 schrieb Felix Salten in der »Neuen Freien Presse«: »... eine seltsame Figuration von vielerlei Umständen hat es gefügt, daß Max Reinhardt gerade Josef Jarno verdrängen mußte. Von allen Wiener Bühnenleitern war er der einzige, der fünfundzwanzig Jahre lang Direktor ein und desselben Theaters war, der einzige auch, der mit Energie, mit Feuer und

mit dem Impetus einer Persönlichkeit für einen Dichter wie für eine Idee gekämpft hat, der einzige der sich in diesem Vierteljahrhundert so viele, so hohe und so dauernde Verdienste erwarb ... So schön, wie die Josefstadt jetzt durch die ausführende Ingeniosität des Architekten Witzmann geworden ist, so glanzvoll repräsentierend und dabei so intim, hätte man sich den Neubau des Burgtheaters gewünscht ... Reinhardt bezeichnet als das Genre, das er nun in Wien pflegen will, das reine, stille, intime Stück, und das auf den Ton einer vornehmen Heiterkeit abgestimmte Lustspiel ...«
Die faszinierendste Veränderung des umgestalteten Theaterinterieurs war der große Luster aus Muranoglas, von J. & L. Lobmayr ausgeführt, der, in der Höhe der ersten Galerie hängend, zu Beginn des Spieles unter langsamem Verlöschen des Lichtes sechs Meter hoch zur Decke schwebte. Am 1. April 1924, nach einem Festprolog von Hugo von Hofmannthal, eröffnete das »neue« Haus mit Goldonis »Diener zweier Herren«, mit Hugo und Hermann Thimig und Gustav Waldau in den Hauptrollen, in stilechter Commedia dell'arte-Dekoration von Oskar Laske. Eine Glanzzeit der einstigen Vorstadtbühne begann.
Nochmals seien Pressestimmen anläßlich dieses Theaterereignisses zitiert: »Die schönste Überraschung des Abends blieb das Theater selbst« (Neues Wiener Tagblatt, 3. April 1924). Rudolf Holzer schrieb in der Wiener Zeitung: »... Wie alles, was Max Reinhardt unternimmt, haben seine »Schauspieler in der Josefstadt« Niveau, Kultur, Kunstverstand. Wenn er nichts anderes getan hätte, als Wien dieses neue Theater in der Josefstädter Straße zu schenken, müßte man ihm danken, und man wird ihm eine unauslöschliche Erinnerung in der Theatergeschichte Wiens erhalten ... Der Erfolg liegt in seiner Persönlichkeit.«
Der »Theatrarch«, wie Friedell Max Reinhardt so treffend bezeichnete, hat mit seinem Ensemble im Theater in der Josefstadt jenes Fluidum der atemlosen Teilnahme zu »erzaubern« verstanden, wie es keiner vor oder nach ihm zustandegebracht hat.
Seine 10jährige Direktion war die bedeutendste Periode dieses Theaters. Reinhardt, selbst Wiener, hatte erkannt, daß das Wiener Theater mit dem Schauspieler steht und fällt. In diesem

Josef Jarno, Schauspieler und Direktor des Theaters in der Josefstadt von 1899-1923.

Helene und Hermann Thimig als Smeraldina und Truffaldino in der Reinhardt-Inszenierung von Goldonis »Diener zweier Herren«, 1924.

Geist schuf er die »neue Josefstadt«, und in diesem Geist wirkt sie auch in seinen Nachfolgern weiter: Von Ernst Lothar über Ernst Haeusserman und Franz Stoss bis zum gegenwärtigen vielbegabten Direktor Otto Schenk.

In der Mitte des vorigen Jahrhunderts fand das Privattheater der Baronin Amalia Pasqualati, geborener Vogl, das Interesse der Theaterwelt.
Amalia hatte schon als Kind Gefallen daran gefunden, »eine große Rolle zu spielen«, und diese Eigenschaft hat sie auch in ihrem späteren Leben beibehalten und noch mehr ausgeprägt. Sie liebte es, in der Gesellschaft die »grande dame« zu sein, ihre Rolle als anerkannte Schauspielerin und Theaterleiterin zu spielen, vierspännig, mit einem livrierten Mohren, durch die Prater Hauptallee zu kutschieren oder als passionierte Reiterin mit ihrem Pferd »Kathi« zu paradieren.
Um den Wünschen seiner theaterbesessenen Gattin zu entsprechen, ließ Johann Baptist Baron Pasqualati, bereits Mieter im Palais Schönborn, die Räumlichkeiten des ersten Stockes zu einem gefälligen Theatersaal umbauen. Der Baron, ein höherer k.k. Militärbeamter, war auch ein Kunstfreund und sprach sehr gerne und sehr oft vom berühmt gewordenen Mieter seines Vaters – dieser, Johann von Pasqualati, besaß ein Haus auf der Mölkerbastei 8, wo Ludwig van Beethoven eine Zeitlang wohnte.
Das Privattheater im Schönborn hatte Platz für hundert Zuschauer, und eine erhalten gebliebene Planskizze gibt Aufschluß über die Anordnung der Sitzplätze.
Erhalten geblieben sind auch 336 handgeschriebene Plakate und Programme, die in der Theatersammlung der Österreichischen Nationalbibliothek archiviert sind.
Diese theatergeschichtlich wertvollen Plakate geben aber auch Auskunft über das Repertoire, das sehr abwechslungsreich war. Von den aufgeführten Stücken stammen 141 Werke von österreichischen und deutschen Autoren (5 Trauerspiele, 30 Schauspiele, 74 Lustspiele, 25 Possen und 7 Schwänke) und 117 aus dem Französischen (1 Trauerspiel, 26 Schauspiele, 80 Lustspiele, 8 Possen und 2 Schwänke). Ein Stück wurde aus dem Englischen übersetzt. Außerdem ergänzten drei Operetten von

Offenbach und neun Opern u.a. von Auber, Meyerbeer und Donizetti den äußerst abwechslungsreichen Spielplan. In den Programmen findet man bekannte Namen, wie Bauernfeld, Birch-Pfeiffer, Carl, Deinhardstein, Goethe, Gutzkow, Halm, Holtei, Iffland, Kaiser, Körner, Kotzebue, Laube, Lessing, Nestroy und Raimund sowie Dumas, Hugo, Molière und Scribe.
Von den Schauspielern sei Roderich Anschütz erwähnt, der Sohn des bekannten Hofschauspielers Heinrich Anschütz, weiters Franz Jauner, der, bereits Hofschauspieler, wiederholte Male »bei der Baronin« gastierte.
Das Pasqualati-Theater war in seiner Zeit eine anerkannte Bühne, über die sogar die »Wiener Theater Zeitung« berichtete.
In der Ausgabe vom 14. März 1856 heißt es: »... Dieses Theater, das in seiner Ausstattung einige Ähnlichkeit mit dem Privattheater des Kaisers der Franzosen besitzt, wurde gestern ausnahmsweise zu einem Concerte, welches der Hofmusikalienhändler Karl Haslinger veranstaltet hatte, eröffnet. Man ist es auch gewohnt, in diesen freundlichen Räumen ein äußerst elegantes Publikum versammelt zu finden ...«
Ludwig Gabillon schrieb: »Zu Anfang der Fünfzigerjahre lebten in Wien zwei Mäzene der dramatischen Kunst: Baron Dietrich, der ein eigenes Theater 1852 erbaute und Baron Pasqualati, der im Jahre 1853 im Schönborn-Palais den ersten Stock zu einem schönen Saaltheater umbauen ließ. Eigentlich war es die Frau Baronin, geborene Vogl, welche mit Energie das Szepter führte ... Von den älteren Künstlern gab es beinahe keinen, welcher nicht auf der Pasqualati-Bühne bestanden wäre ...«
Die Theater-Zeitung lobte dieses Privattheater, das »durch Leitung und Leistung« eine Vorschule für dramatische Kunst war. Schon manches bekannte Schauspieltalent ist aus diesem Institute hervorgegangen und manchem wäre, ohne viel zu prophezeien, eine bedeutende Zukunft zu prognosticieren«.
Im Mai 1860 brachte Amalia Pasqualati ein Ansuchen zur Errichtung eines »öffentlichen Theaters« ein, das auch im Oktober bewilligt wurde; es war die Zusage, »ein neues Theater zu bauen, in dem Vorstellungen des rezitierten Dramas, der Oper und Pantomimen gegeben werden dürften.«
Zwei Jahre später mußte Baronin Pasqualati ihr Theater aus fi-

nanziellen Gründen schließen. Einige Jahre später übernahm der Schauspieler Conradi das Theater und eröffnete dazu auch eine Schauspielschule. Die Baronin gründete, noch immer theaterbesessen, das Harmonietheater in der Wasagasse.
Das Pasqualatitheater, ein Theater des Lustspiels und der Posse, der Oper und der Operette, das mehr war als nur eine Liebhaberbühne, würde mehr Achtung und Bedeutung verdienen, als man ihm bisher entgegengebracht hat.

In die Theater-Geschichte der jungen Josefstadt gehört noch das weithin bekannte Marionetten-Theater der Barbara Miller, »hofbefr. Strumpfwirkerswitib«, und Hausinhaberin des »Goldenen Adler« im alten Lerchenfeld, in dem ausschließlich Passionsspiele aufgeführt wurden.
Im »Wiener Diarium«, 1784, wird angegeben, daß sie Willens wäre, ihre »durch 36 Jahre mit allgemeinem Beifall vorgestellte Krippe mit besonderem Vorteil zu verkaufen«. Das Unternehmen der Barbara Miller, die auch unter dem Namen »Frau Godel« wohlbekannt war (sie nahm sich besonders armer oder verwaister Kinder an und fungierte dann als Firmpatin), ging in den Besitz eines Kaffeesieders Lang über, der sein Theater lange Zeit, trotz »daneben entstandenen Konkurrenten«, erfolgreich weiterführen konnte.

Das kulturelle Leben um die Jahrhundertwende war voller Intensität, und es waren nicht nur die Stilentfaltungen, die für jene Zeit prägnant wurden. Man wollte ebenso dem Theater neue Impulse geben und das »kulturelle Bedürfnis« nicht nur im kulturellen Engagement für und um das Theater stillen; die Bühne sollte eine Stätte der Unterhaltung und zugleich der Pflege von Weltanschauung und politischer Gesinnung sein …
In der Josefstadt gab es den Verein »Wiener Freie Bühne«, dessen Mitglieder sich mit Idealismus und Enthusiasmus für den Bau eines neuen Theaters in ihrem Bezirk aussprachen. Wie aus der Vereinsschrift »Der Strom« hervorgeht, konnte dieser Verein »durch persönlichen Einsatz und unermüdliche Propaganda den Mitgliederstand von einem Haufen mit ein paar Hunderten Leuten innerhalb von sechs Jahren auf sechzehntausend erhöhen!«

Im Heft Nr. 10 der erwähnten Zeitschrift (Jänner 1912) deklarierten sich Gründer und Bauherren: sie wollten ein neues Theater, ein Stadttheater, wie Laube ein solches seinerzeit in der Seilerstätte geführt hatte. Die Gründe der ehemaligen Paar'schen Reitbahn boten sich als passender Platz an, auf dem in der kurzen Bauzeit von nur einem Jahr (!), nach den Plänen von Oskar Kaufmann und Eugen Ritter von Felgel, das Theatergebäude in der heutigen Skodagasse errichtet wurde.
Das »Neue«, das »Moderne«, sollte auf dieser Volksbühne zu Wort kommen, mit avantgardistischem Bemühen und revolutionärer Experimentierfreudigkeit.
Der erste Direktor war Josef Jarno. Wenn man hier schon »Modernes« bringen wollte, dann war der erste Direktor zweifellos der richtige Mann. Nach der obligaten Aufführung von Goethes »Vorspiel auf dem Theater« setzte er dem erwartungsvollen Publikum sofort Strindbergs »Wetterleuchten« als Eröffnungsstück vor. Jenes Kammerspiel der Leidenschaften, das der alternde Strindberg, angeregt durch Max Reinhardts Kammerspielbühne in Berlin, 1907 für sein »skandinavisches Versuchstheater« in Stockholm geschrieben hatte. Ein Stück, das einem literaturbeflissenen Publikum Nahrung für entsprechende Diskussionen bot.
Jarno blieb bei seinem anspruchsvollen Theater. Das nächste Stück war Ibsens »Wildente«, und es folgten weitere literarisch hochwertige Aufführungen.
Der Ausbruch des Ersten Weltkrieges beendete Jarnos Ambitionen und seine Theaterführung. Der folgende Direktor, Paul Gutmann, fand bestätigt, was das Publikum sehen wollte: Unterhaltung. Die Aufführung der Operette »Sybille« von Max Brody und Gerhart Jakobi (Musik), mit dem beliebten Hubert Marischka vom Theater an der Wien als Gast, wurde zum rauschenden Erfolg. Auch in der Theaterkasse.
Josef Jarno übernahm abermals die Direktion und versuchte nochmals, literarisch hochwertige Stücke zu bieten – Gerhard Hauptmanns »Biberpelz« zum Beispiel –, mußte aber sehr bald erkennen, daß er mit anspruchsloser Unterhaltung beim Publikum besser ankam. Sein Experiment war die Komödie von Gabriel Degreli, »Der gut sitzende Frack« (1921).
Trotz dieses Serienerfolges erkannte Jarno, daß seine Bemü-

Enthüllung der Reinhardt-Büste von Petrucci über dem Theatereingang durch Helene Thimig, 1950.

Hubert Marischka kreierte im Stadttheater nicht nur die Rolle des Leopold in Benatzkys »Im weißen Rößl«, sondern inszenierte hier auch etliche andere Operetten.

Linke Seite unten: Das Wiener Stadttheater.

Fritz Imhoff zählte zu den besonders beliebten Schauspielern dieser Bühne.

hungen nicht mit dem Geschmack des Publikums zu vereinbaren waren, und so zog er sich vom Stadttheater zurück. In Jarnos Ära hatte diese Bühne ihre bedeutendste künstlerische Epoche; Jarno war es sogar gelungen, das Moskauer Künstlertheater unter Stanislawski für ein Gastspiel mit Gorkis »Nachtasyl« zu gewinnen. Weiters hatte die Tiroler Exlbühne mit ihrem Repertoire hauptsächlich österreichischer Dramatiker in Jarno einen aufgeschlossenen Förderer.

Nach Jarnos Abgang spielte man im Stadttheater nur mehr »Unterhaltung«: Operette und Revue. Erwähnenswert der Wiener »Volksstück-Zyklus« (1924) mit »Bruder Martin«, »Familie Schimek«, »Das grobe Hemd«, »Gebildete Menschen« und »Die Gigerln von Wien«, die später als erstes »Europa-Musical« auch im Ausland Rekord-Serienaufführungen erlebten.

1925 übernahm das Theater ein Vollprofi, einer der immer einen »Riecher« für das Richtige hatte: Karl Farkas.

Der einzigartige Künstler wußte genau, wonach den Menschen in den Jahren der Wirtschaftskrise, der Arbeitslosigkeit und der politischen Spannungen zumute war – und er gab seinem Publikum in genialer Weise genau das, was es sehen und hören wollte: allerleichteste Unterhaltungsware. Farkas holte berühmte Girl-Revuen von Amerika, Paris und London nach Wien, und es gelang ihm ein Gastspiel der berühmten Pariser Folies Bergère ... Das »Dreigespann Farkas-Marischka-Grünbaum« wurde zum Inbegriff jener pointenreichen, in Wiener Schmäh verpackten persiflierenden Klein- und Kabarettkunst, die einmalig war. Im Stadttheater spielte man Ralph Benatzky und Robert Stolz, und die Goldene und Silberne Operettenära hatten nun hier eine neue Heimstatt.

1931 – es war die Direktion von Karl Farkas – gab es dann jene legendäre Operetten-Premiere, die in die Theatergeschichte einging: »Im weißen Rößl« in der musikalischen Co-Produktion Ralph Benatzky – Robert Stolz u.a. mit Paula Brosig als »Rößlwirtin«, Hubert Marischka als Leopold, Fritz Imhoff als Gieseke und Farkas als »schöner Sigismund«!

Bis 1938 blieb das Stadttheater die Bühne der Operetten: »das Dreimäderlhaus« von Heinrich Berté wurde hier gegeben, »Der Feldherrnhügel« von Roda-Roda/C. Rößler, »Ball im Savoy« und »Die Blume von Hawaii« von Paul Abraham, der »Fi-

dele Bauer« von Leo Fall und ein unerschöpfliches Repertoire von Strauß und Lanner bis Lehár und Robert Stolz.
Die erfolgreichsten Jahre des Stadttheaters waren vorbei. Das »ostmärkische Theater« spielte noch Operetten, dann gab es die »Akademien für Front und Heimat« ... Nach den einstigen Glanzzeiten eine entwürdigende Ära.
Nach dem Krieg versuchte man zu retten, was noch zu retten war. Das Stadttheater wurde zum amerikanischen Besatzungsmachttheater. Ende der vierziger Jahre leitete der Librettist Rudolf Österreicher, von der damaligen Theaterbesitzerin Lilian Karczag-Marischka-Figueroa zum Direktor bestellt, das Theater in der Skodagasse, in dem beliebte Operetten (u.a. »Ein Walzertraum« von Oscar Straus und »Der Graf von Luxemburg« von Franz Lehár) und populäre Interpreten (Johannes Heesters, Mimi Stelzer, Ernst Waldbrunn etc.) für gutbesuchte Aufführungen sorgten. 1949 übernahm Franz Stoss, damals bereits Direktor des Bürgertheaters, das Stadttheater. Er brachte ebenfalls Operetten (besonders erfolgreich war die Jara Beneš-Operette »Kathrin und die Wunderlampe«) und präsentierte junge, ambitionierte Kräfte, die hier ihre Karriere begannen: Waltraut Haas, Peter Alexander, Herta Staal, Heinz Conrads, Toni Niessner.
Die Aufführung von Fritz Kreislers »Sissy« in den fünfziger Jahren (Direktion Theo Nordhaus), mit Hans Jaray als Franz Joseph und Marianne Schönauer als Sissy, brachte der Bühne den letzten Erfolg. Dann wurde es still um dieses Theater, das schließlich 1960 abgerissen wurde.

Josefstädter Lokalitäten

Die Wirts-, Bier- und Gasthäuser der Vorstadt wurden im Biedermeier als erwanderte Ziele phäakischer Lebensfreuden und unkomplizierter Kommunikation entdeckt.
In der Epoche zwischen zwei Revolutionen, in der die bürgerliche Welt erste Existenzansprüche stellte, die Wiener Volksseele sich im Freiraum der »enter'n Gründ'« offenbarte, wurde ein neuer Tanz zum Symbol jener Zeit, die nach außen hin lebensfroh, lieblich und idyllisch war.
Noch wanderte der Laternanzünder durch die nächtlichen Straßen, um den Bewohnern zumindest optisch gewisse Sicherheit vorzugaukeln, noch rumpelten die Stell- und Zeiselwagen durch die Vorstadtstraßen, um den Städtern die Möglichkeit zu geben, die erschlossene Natur zu genießen oder in den einladenden Gast-, Bier- oder Wirtshäusern den Sonntagsspaziergang zu beenden.
Als diese neuen Fahrzeuge die Sesselträger verdrängten und ein neues Gewerbe dem Fuhrwerkerberuf zusätzliche Erwerbsquellen erschloß, hatte auch die Josefstadt ihr »Wiener Original«: Josef Jantschky, der durch die »Erfindung« einer neuen, komfortableren und geräumigeren Kutsche berühmt und reich wurde. In der Kochgasse erwarb er ein paar Häuser, um für seine »Rösser« – es waren bereits mehr als hundert – entsprechende Stallungen bauen zu können. Die »Jantschky-Kutschen« waren eine Zeitlang nicht nur ein Modebegriff, sondern auch Sinnbild gesellschaftlicher Reputation. So war es zum Beispiel nur mit dem Titel »Hofschauspieler« ausgezeichneten Künstlern vorbehalten, eine »Jantschky-Kutsche« als »Dienstwagen« zu benützen.
Als Katharina Schratt zur »Hofschauspielerin« avancierte, erhielt sie eine »Jantschky-Kutsche« zur Verfügung. Der Kaiser soll gerne nach dem »Dienstwagen« der »gnädigen Frau« Ausschau gehalten haben, vor allem dann, wenn er hoffte, daß sie die Hofburg passierte. Glücklich registrierte er dann die noble Karosse. »Dienstag nachmittag hatte ich Glück ... denn ich paßte sehr auf und als ich Ihre magnifique Equipage mit den feurigen Pferden und dem eleganten Kutscher ... sah, war ich meiner Sache ziemlich gewiß ...«

Im Gasthaus »Zum Sauerbrunn« im alten Lerchenfeld begründete ein junger Wirt namens Johann Christian Wieshofer seinen Ruf als bester »Knödelwirt von Wien«, obwohl er bereits in der Sommerfrische Breitenfurt ein Lokal besaß, in dem man den vortrefflichsten »Millirahmstrudel« von Wien und Umgebung bekam.
Zum Inbegriff biedermeierlicher Walzerseligkeit wurden die »Sträußelsäle« in der Josefstädter Straße. Der geschäftstüchtige Besitzer des »Goldenen Straußen« und Mitbesitzer des Theaters ließ seine Räumlichkeiten wegen schlechten Geschäftsganges des Theaters erweitern; es entstand ein Saal, der eigentlich aus drei durch Säulen getrennten Teilen bestand und mit bunten Blumensträußen-Tapeten ausgeschmückt war, weshalb man von den »Sträußelsälen« sprach.
Reischel ließ sogar eine Gasbeleuchtung installieren, um seine Räumlichkeiten effektvoller zu machen.
Anläßlich der Eröffnung berichtete die Wiener Tageszeitung: (man hat den Bau Kornhäusel zugeschrieben!) »Die neueste Lokalität in der Josefstadt, von Herrn Erbacher nach eigenem Plane erbaut, bereichert Wien wieder mit einer der schönsten und gefälligsten Lokalitäten ... Nebst einer äußerst angenehmen ungedeckten Vorhalle, über der der blaue Himmel hereinblickt, in welcher man also fortwährend frische Luft genießt, ist ein völlig neuer Salon dazugekommen ... Hier schüttet Herr Strauß seine Wunderklänge aus und läßt sie in feurigen Blumenringen durch die Menge seiner Hörer dahinschweben, wo sein Zauberstab ... wirbelnde Tanzlust weckt ...«
Die mitreißenden Weisen von Strauß-Vater ergänzte dann der junge Lanner mit seinen Kompositionen, die nicht minder begeistert aufgenommen wurden und die Bälle und Redouten in den Sträußelsälen zu den eigentlichen Faschingsereignissen des Biedermeier-Wien machten.
1836 erzählte »Hans Jörgel«, der berühmte Verfasser der nicht minder bekannten Zeitschrift des Vormärz, von den Natursängerinnen, die in den Sträußelsälen auftraten und »auch allgemein globt und applaudirt worden sind«.
In den vierziger Jahren geigte sich Philipp Fahrbach in die Herzen der Ballbesucher, und seine Musik soll den Füßen der Tanzenden Zauberkraft verliehen haben.

Das älteste Wirtshaus der Josefstadt.

Zeitgeschichtlichen Recherchen zufolge soll Karl Marx in den Revolutionstagen '48 in dem »Nobel-Balletablissement« die Wiener Arbeiter zum Kampf gegen den Kapitalismus aufgerufen und vor tausend Zuhörern seine Gedanken über Lohnarbeit und Ausbeutung dargelegt haben.
Fünf Jahre später tanzte man wieder in den nun renovierten Sträußelsälen, in denen sich jetzt die Wiener »Demi-Monde« traf.
In den siebziger Jahren pachtete ein gewisser »Löwy«, als »kleiner Löwy« wienweit bekannt, die Säle und arrangierte die berüchtigten »Debardeurbälle«, bei denen die Damen der Halbwelt in sonst verbotenen Seidenhöschen erscheinen durften ...
Zur Zeit der Weltausstellung erreichte Löwys Etablissement neue Blüte. Dazu ein Zeitgenosse: »Die Bälle und Tanzveranstaltungen werden von der feinsten Demimonde besucht, entsprechend dieser ist auch der Männerbesuch, aus Mitgliedern der hiesigen Adels- und Geldaristokratie und besonders aus Fremden, welche hinreichend Geld besitzen, um sich allen Luxus leisten zu können ... Man trifft hier viele Bekannte, den dicken Börsen-Mandl, den Baron Hönigstein, ein Protektor der schönen Halbwelt, den Stamitz-Mayer, viele Verwaltungsräte und eine Unzahl Husaren und Dragoner-Offiziere ... Anstelle der Fiaker-Milli, sah man die ›Venus‹ aus dem Volksgarten, genannt die ›moderne Judith‹, das Fräulein Raschel, ein Stern erster Größe am Demimondehimmel ... ich habe noch lange diesem tollen, frivolen Treiben zugesehen, das ›Sträußel‹ ist wie ein Taubenschlag ...«
1885 wurden die Sträußelsäle geschlossen und dienten als Requisiten-Depot des Theaters. 1924 ließ Reinhardt die Räumlichkeiten von Prof. Witzmann renovieren und umgestalten und als Konversations- und Konsumationsraum in den Theaterkomplex integrieren.

In der franziscojosephinischen Ära erlebten die Vorstadt-Gast-, Bier- und Wirtshäuser mit den Volkssängern und singende Unterhaltung bietenden Fiakern eine »goldene Zeit«.
Aber jedes dieser Lokale zwischen Lerchenfeld und Alsergrund, zwischen Glacis und Linienwall hatte seine eigene Geschichte:
Das »Grüne Tor« im Lerchenfeld war das älteste Wirtshaus der

Der »Schwarze Bock« existierte bereits in der Biedermeier-Zeit und hatte einen schönen Garten und eine Kegelbahn als Attraktion.

In der Lerchenfelder Straße gab es besonders viele kleine Lokale.

Josefstadt, ein altes Einkehrgasthaus mit weitläufigen Stallungen und Höfen für das einkehrende Fuhrwerk. Später wurde das Gasthaus eine Hochburg der Volkssänger, der bekannte Wilhelm Wiesberg, der unzählige Wiener Lieder schrieb, teilweise auch mit politischer Tendenz und lokalkritischem Colorit (unter anderem ein Couplet, in dem er die ewigen Verzögerungen einer geplanten U-Bahn (!) bekritelte), war mit seinem Komponisten Josef Sioly hier anzutreffen, ebenso die legendären Fiaker mit ihren wienerischen Namen, wie Pagatl, Schienbanl und Hungerl ...
In den späteren Jahren gab es hier manche Versammlung politischer Vereine; von diesen sei der panslawistische Kommers (1. März 1870) erwähnt, bei dem heftige Reden gegen die angeblichen »Unterdrücker der Slawen« gehalten wurden.
Andere Vergangenheit hatten die »Drei Hackeln« in der Piaristengasse. Bereits 1728 war Johann Georg Kollman, Mitglied des »Äußeren Rates« und Richter in der Josefstadt, Besitzer des Lokales, in dem Ferdinand Raimund verkehrte.
Kollmanns Nachfolger wurde Mathias Binder, ehemaliger hochfürstlich Kaunitzscher Zimmerputzer; er erwarb sich mit dem Geschäft ein Vermögen, nach seinem Tod fand man allein schon in den vier Kellern gelagerte 1800 Eimer Land-, Gebirgs- und »Vermischten« Schankwein.
Franz Binder jun. forderte von den Gästen absolutes Rauchverbot, weil er vom Tabakqualm eine aromatische Beeinträchtigung seiner Qualitätsweine befürchtete.
Das Lokal galt als »Dorado der Weinbeißer« und als Stammhaus von Künstlern und Schriftstellern. Der Komiker Tomaselli verkehrte hier, Friedrich Kaiser, Anton Langer, Alois Berla, Karl Costa und O.F. Berg trafen sich »beim Binder«; im Gartensalettl dirigierte Philipp Fahrbach, und die Gallmeyer unterhielt ein buntgemischtes Publikum. Als die »Drei Hakkeln« 1886 demoliert wurden, veranstalteten die Stammgäste eine »Abschieds- und Trauerfeier«.
Das »Goldene Schlössel« in der Florianigasse, bereits 1694 genannt, suchte das »Theatervolk der Josefstadt« auf, im »Riedhof« in der Wickenburggasse verkehrte die »Wiener Medizinische Schule«. Prof. Eiselsberg erwähnt das beliebte Lokal in seinem Buch »Aus dem Tagebuch eines Chirurgen«.

Im »Scharfen Eck« in der Florianigasse sicherten sich beliebte Volkssänger wie Amon und Nagel ihr Stammpublikum. Graf Gustav Chorinski gehörte zu den fleißigsten Besuchern der Gaststätte.
Das Wirtshaus »Zum schwarzen Bock«, Ecke Florianigasse/Lederergasse, war ein kleinbürgerliches Unterhaltungslokal, das auch von Studenten gerne besucht wurde.
Besondere Berühmtheit erlangten zwei Gastwirtschaften am Glacis. Der »Rote Apfel«, in dem die Volkssänger oft in zwei Sälen auftreten mußten und Fürst und Matras ihre ersten Triumphe feierten. In späteren Jahren verschlechterte sich das Niveau des Publikums zusehens, sodaß der Lokalhistoriker Wilhelm Maximilian Kisch berichtete, daß »sich die Zuhörer allabendlich versammelten, um andachtsvoll den Zweideutigkeiten einer Volkssängergesellschaft letzten Ranges zu lauschen«.
Das zweite Lokal war die »Stadt Belgrad«, bereits 1703 erwähnt. Das Wirtshaus hieß ursprünglich »Zum tragerten Fadel« (trächtigen Ferkel) und erhielt erst 1717 den Namen »Zur Stadt Belgrad« in Erinnerung an die Einnahme dieser Stadt durch Prinz Eugen.
Von 1834 bis 1865 führte Josef Klampfl das Lokal, ein an sich urgemütlicher Wirt mit dem berühmten goldenen Wiener Herzen. Seine Knüttelreime, die er beim Anbieten seiner Tabaksdose fabrizierte, waren ebenso bekannt wie sein Wohltätigkeitssinn und seine Biederkeit. Klampfl konnte jedoch auch sehr unangenehm und ausfällig reagieren, wenn er sich ausgenützt oder hintergangen fühlte. In solchen Fällen hängte der Wirt dem anderen dann »a Klampfl« an. Das Lokal war im Vormärz Wiener Musikantenbörse; Grillparzer soll sich hier die Idee zu seiner Novelle »Der arme Spielmann« geholt haben.
Den Weg entlang des vorstadtseitig gelegenen Glacis zwischen dem Palais Auersperg bis zur »Stadt Belgrad« kannte man jahrzehntelang als »Schlapfenpromenade«. Hier spazierten größtenteils die Bewohner der unmittelbaren Umgebung in Schlafrock und Hausschuhen und hatten auch ihre heimlichen Rendezvous in der legeren Kleidung. Die idyllischen Gasthausgärten trugen zur nötigen Romantik bei. Einer der eifrigsten Besucher der »Schlapfenpromenade« soll General Friedrich

Karl von Lindau gewesen sein; ein Original, über das unzählige Anekdoten kursierten. Tagsüber saß er gerne in einem bekannten Stadtkaffee, die Grisetten und Dienstmädchen musternd, abends holte er dann unter anderem auf der »Schlapfenpromenade« nach, was ihm bei Tage nicht möglich war. Jedes Kind kannte ihn, und jeder neu erfundene Witz wurde dem General zugeschrieben.

Als das Glacis aus bekannten Gründen verschwand, verloren die Josefstädter ihre viel gelästerte und doch beliebte Abend-Promenade ...

Es hat in der bereits dichter besiedelten Vorstadt noch eine Menge Gast-, Bier- und Wirtshäuser gegeben, die weniger bekannt waren als die erwähnten und sicherlich von den Bewohnern der Umgebung ebenso geschätzt waren. Biedere Lokale, in denen man bei günstigen Preisen gut essen und trinken konnte und der Gast immer König war. Gaststätten, die als Vorläufer der heute vielgepriesenen »Beiseln« das gastronomische Leben Wiens charakterisierten.

Zwischen Linienwall und Glacis

In der chronologischen Aufarbeitung eines Zeitabschnittes – vom ausklingenden 18. Jahrhundert bis in das beginnende 20. Jahrhundert – läßt sich das Werden der Josefstadt verfolgen, das Entstehen eines Bezirkes durch das natürliche Zusammenwachsen von sechs kleinen eigenständigen Vorstädten; Alservorstadt, Altlerchenfeld, Breitenfeld, Neuhof, Strozzigrund, St. Ullrich.
Stilepochen haben die einstige Vorstadt geprägt, in der das Bürgertum, den Adel verdrängend, soziologisch dominant wurde.
Gehen wir nochmals in die Zeit zurück, in der Mozart sein efeuumranktes Gartenhäuschen (heute Josefstädter Straße 47) bewohnte. Im umschließenden Garten komponierte er gerne. Häuser des Spätbarocks (in der Lange Gasse 27, 29, 31 und in der Lenaugasse 3: Bau von Donato Felice Allio, dem berühmten Barockbaumeister) und der Josephinischen Zeit (Lenaugasse 11 und Lange Gasse 37) wurden zu Symbolen einer kunstgeschichtlich bedeutenden Zeit. Das Idyllisch-Biedermeierliche bezeugen die Wohnbauten in der Lenaugasse, Lange Gasse und Feldgasse; das vormärzliche Ensemble in der Buchfeldgasse sowie ein Bürgerhaus in der Josefstädter Straße 11 charakterisieren die Stilepoche vor der Zäsur der 48er-Revolution. Die für die franziscojosephinische Ära typischen Gründerzeithäuser in der Josefstädter Straße, Florianigasse, Skodagasse und Lange Gasse, mit ihren feudalen Entrees und den mit viel Marmor ausgestalteten Stiegenaufgängen, entstanden in der dritten Bauperiode und wurden zu Zeugen einer politisch brisanten und kulturgeschichtlich interessanten Epoche.
Der soziale Wohnbau der Zwischenkriegszeit präsentiert sich im Therese-Schlesinger-Hof in der Wickenburggasse, im Dr.-Kronawetter-Hof in der Pfeilgasse und im Ludo-Hartmann-Hof in der Albertgasse. Die durch die Ereignisse des Zweiten Weltkrieges entstandenen Baulücken wurden mit Wohnhäusern in zweckdienlicher Gegenwartsarchitektur gefüllt. So ergibt sich ein vielfältiges Gesamtbild verschiedener Stilrichtungen, und die modernen Häuser, zwischen alten Baubestand

Das Gartenhäuschen in der Josefstädter Straße 47, in dem Mozart sich zeitweilig aufgehalten haben soll.

Bürgerhäuser in der Lange Gasse.

In diesem Gebäude, in dem sich auch heute noch ein Restaurant befindet, wird nach entsprechender Restaurierung und Revitalisierung das Josefstädter Bezirksmuseum untergebracht. Die rechts abzweigende Seitengasse ist die Schmidgasse mit dem Eingang in das Bezirksmuseum.

Das Bäckerkreuz aus dem 16. Jahrhundert.

hineingedrängt, vermitteln den Eindruck von architektonischem »Patchwork«.
Zeit- und lokalgeschichtlich erwähnenswert ist die schon 1816 erfolgte Gasbeleuchtung der Auslagefenster der »Löwenapotheke« in der Josefstädter Straße 30. Eine sensationelle Novität, die der Apotheker Matthias Moser in seinem eben erworbenen Geschäft installieren ließ. Viele Neugierige aus ganz Wien, ja, sogar Hofbeamte, kamen »schauen«. Die allgemeine Gasbeleuchtung wurde erst 1844 aktuell.
1850 entstand der Melkerhof in der Lederergasse, das Stift Melk hatte die Areale vom Grafen Dietrichstein erworben und baute jenes weitläufige Gebäude mit den vier Höfen, in das dann begüterte Beamten und teilweise sogar Adelige einzogen. Im Melkerhof waren 138 Wohnungen untergebracht, für die damalige Zeit, in der man noch nicht der Gigantomanie verfallen war, sicher eine Besonderheit.
In der Gründerzeit erwarb die Bäckerinnung ein Haus in der Florianigasse und hat hier seither ihre Räumlichkeiten untergebracht. In einem reichhaltigen und wertvollen Archiv sind Urkunden aufbewahrt, die bis in das 15. Jahrhundert zurückreichen.
Im Hofe des Hauses steht das legendäre Bäckerkreuz, eine gotische Steinsäule aus dem 16. Jahrhundert. Die mit Reliefs geschmückte Steinsäule zeigt unter anderm eine Brezel mit Inschriftenband 1506.
In der Wickenburggasse 1 ist seit 1899 die Schlosser- und Schmiede-Innung etabliert.
Die Überschwemmungskatastrophe in der Lerchenfelder Straße im Jahre 1862 sei als einschneidendes Naturereignis erwähnt. Der durch plötzliches Tauwetter angeschwollene Ottakringer Bach, der teilweise bereits eingewölbt, knapp hinter den Häusern der Lerchenfelder Straße (Seite der ungeraden Nummern) floß, führte anfangs Februar enorme Wassermassen mit sich, die den Kanal in einer Länge von 15 Klaftern sprengten, wodurch das Wasser in die Kellerräume eindrang. Das donnernde Getöse der Wassermassen erschreckte die Bewohner der nächsten Umgebung, und der schwankende Straßengrund rutschte ab. Ein Stellwagen und ein Einspänner, die sich gerade auf dem Straßenstück befanden, versanken. Ausge-

Die Handelsakademie auf dem Hamerlingplatz, einer der repräsentativen Großbauten der Jahrhundertwende.

Das Kartographische Institut auf dem Hamerlingplatz, in dem Geländepläne für die k. k. Armee erarbeitet wurden.

Der Parade- und Exerzierplatz auf dem Josefstädter Glacis. Blick gegen Trinitarierkirche, Alserkaserne und Schwarzspanierkirche. Zeichnung von Johann Ziegler, um 1700.

schwemmtes Erdreich und Steine verursachten letztlich eine Verstopfung des Kanales, sodaß die Wiederinstandsetzungsarbeiten durch das Militär Wochen in Anspruch nahmen.
Kaiser Franz Joseph I. soll einige Male die Baustellen besucht haben, um sich vom Fortschritt der Arbeiten zu überzeugen. Einmal passierte es, daß weder Aufseher noch Arbeiter bei der Arbeit anzutreffen waren, sondern erst aus den umliegenden Gasthäusern und Schenken geholt werden mußten. Seine Majestät soll sehr erzürnt gewesen sein.
Es waren nicht nur die markanten Neubauten des Militärgeographischen Institutes und der K.k. Handelsschule am Hamerlingplatz, die das Bild des Bezirkes veränderten, das verschwindende Glacis, jenes berühmte Erholungsgebiet vor der Stadt, das nun für die Bauten der Ringstraßenzeit erschlossen wurde, beeinträchtigte die seit Jahrhunderten bestehende Silhouette der einstigen Vorstadt wesentlich.
In den sechziger Jahren des vorigen Jahrhunderts verschwand der Paradeplatz, der sich von der heutigen Universitätsstraße bis zur Bellaria erstreckt hatte. Der unter Kaiser Joseph II. angelegte Exerzier- und Paradeplatz zwischen der Stadtmauer und den Vorstädten, mit Bäumen bepflanzt und von reizvollen Alleen unterbrochen, war ein idealer Spielplatz für Kinder, beliebter Rendezvousplatz für Verliebte und wurde auch für Truppenschauen genutzt. Die letzte Parade sahen die Wiener 1870, anläßlich des Geburtstages Kaiser Franz Josephs I.
Im Zuge der weiteren Glacis-Verbauung entstanden das Militärgeographische Institut (heute Bundesamt für Eich- und Vermessungswesen) und das Landesgericht. Man baute es auf den einstigen Arealen der »Sieben Hofstätten«, auf denen seinerzeit die ersten Häuser der späteren Josefstadt standen.
Eine bürgerliche Schießstätte bestand bereits 1438, aber die »Püchsenschüzen« übersiedelten erst 1684 auf Gründe der sogenannten Deissenriederschen Besitzungen bei der Alser Straße. Damals erhielt der Stadt-Unterkämmerer Johann Georg Altschaffer vom Wiener Stadtmagistrat die Order, den Wellischen Garten für die Schützen zur Fortsetzung ihrer »von uralten Jahren anhero geübten löblichen Exertitii« instandzusetzen. Aufgrund des Beschlusses vom 30. Jänner 1684 erhielt August von Hierneys den Gewährbrief, »um 2 Hofstatt Wein-

Die Schießstätte in der Alser Straße.

Zu den Schützenfesten, die oft mehrere Tage dauerten, kamen Gäste aus der ganzen Monarchie. Kupferstich von 1796.

garten nebst einem Orth, da vorhin Hauß und Stadel gestanden ..., eine buergerliche Schueßstatt zu errichten.«
Die einstige Schießstätte wurde 1831 al Choleraspital verwendet. Ein Jahr darauf brachte man hier das »Zimentierungsamt« unter. Die Schießstätte befand sich im Haus Alserstraße Nr. 5 und wurde erst im Zuge der Verbauung aufgelassen. Bis Herbst 1849 wurden regelmäßige Übungen abgehalten, das letzte Freischießen hatte vom 29. August bis 4. September 1847 stattgefunden.
1732 wurden die Friedhöfe nach außen, hinter die Befestigungsmauern der Stadt, verlegt; eine sehr rasche Durchführung dieser Entscheidung ist daran zu erkennen, daß noch im selben Jahr die »Bahrleicher« für die Bestattung im neuen Friedhof zu sorgen hatten.
1733 erhielt der Friedhof die Kapelle »Abendmahl des Herrn« sowie ein Verwaltungsgebäude, in dem auch der Totengräber wohnen konnte. 1784 wurde der Friedhof wieder – unter Kaiser Joseph II. – aufgelassen und das Areal der Gemeinde Wien übergeben; in seinen Baulichkeiten brachte man ein »Zeugstadl« und das »Hadernmagazin« unter.
Auf dem Areal des einstigen »Neuen Stephansfreythofes« entstand in den dreißiger Jahren des vorigen Jahrhunderts das »Kriminalgerichtsgebäude«; nach Abänderung des Gerichtswesens wurde es als »Landesgericht für Strafsachen Wien« bezeichnet; die Erweiterung des Hauses mit einem Schwurgerichtssaal durch den Anbau an der Alser Straße erfolgte 1872–79.
Erst 1905/06 erhielt das Gerichtsgebäude den 3. Stock aufgesetzt. Der spätklassizistische Bau besitzt ein interessantes Vestibül mit auffallenden Säulen.
1839 wurde das »Kriminalgerichtsgebäude« seiner Bestimmung übergeben; seine ersten Insassen sollen der Dachdecker und ein Bauführer gewesen sein, die betrügerische Abrechnungen gemacht hatten.
Aus der Chronik geht allerdings hervor, daß es in den ersten Jahren einen »lockeren« Strafvollzug gab und zwischen den Häftlingen und Aufsehern eine eher vertrauliche Atmosphäre bestand.
Im Fasching 1868 fand sogar im »Schuldturm« eine fröhliche

Das Amtshaus am Schlesingerplatz, das 1910/11 erbaut und 1912 eröffnet wurde.

Das Garnisonsgericht am neu entstandenen Gürtel.

Ballnacht statt, bei der die Häftlinge durch eine bewilligte Petition sogar »Frauenspersonen« einladen durften. Es waren auch Glücksspiele erlaubt, durch die die Häftlinge 300 Gulden bekamen ...

Im Inquisitentrakt befindet sich eine Kapelle mit dem »Armensünderkreuz« aus dem 18. Jahrhundert.

Seit 1876 fanden im Galgenhof Hinrichtungen statt; in der NS-Ära wurden in einem ebenerdigen Raum 1184 Menschen durch das Fallbeil getötet.

In den Jahren 1910/11 erhielt die Josefstadt ihr eigenes Amtshaus, das bis zu diesem Zeitpunkt in der Schmidgasse/Lange Gasse stand. Hier hatte der Grundrichter (seit 1850 Bezirksvorsteher) seine Amtsräumlichkeiten; in einem Empiresaal mit klassizistischer Stuckdecke hatte das »Oberhaupt der Vorstadt« sein »Sanktissimum«.

Das neue Amtshaus am Schlesingerplatz wurde unter Bürgermeister Dr. Neumayer seiner Bestimmung übergeben (1912).

Im letzten Jahrzehnt vor der Jahrhundertwende fiel der Linienwall und es entstand die einst als »Prachtavenue« geplante Gürtelstraße. Anstelle des Linienwalles trassierte man in den neunziger Jahren die »Wiental-Gürtellinie«, die 1898 erstmals dampfbetrieben fuhr. Die architektonischen Arbeiten stammten von Otto Wagner, der die baulichen Ausführungen im »modernen Zweckstil« durchführen ließ.

Als der Hernalser Gürtel josefstädterseits ebenfalls verbaut wurde, kam es 1908 zur Errichtung eines in seiner Architektur beachtenswerten Gerichtsgebäudes für die militärische Justiz.

Im Zuge der Gesetzesänderungen brachte man in dem bis in die Blindengasse reichenden Gebäude das dem Landesgericht für Strafsachen zugeteilte Gefangenenhaus unter.

Bemerkenswert ist, daß der 1920 eingesetzte Leiter des Hauses, Karl Schmid, bereits ein Verfechter des »humanen Strafvollzugs« war und ihn auch durchführte, worüber er in eigenen Berichten schrieb. Schmid setzte sich vor allem für die Resozialisierung ein.

Als Glacis und Linienwall als »optische Grenzen« gefallen waren, fügte sich die Josefstadt in den Großstadtverband, ohne ihr Eigenleben aufzugeben.

Dieses Eigenleben begann schon damit, daß sich in diesem Be-

zirk nie eine Fabrik von der Größenordnung etablierte, wie sie in den benachbarten Vororten Ottakring oder Hernals entstanden waren.
In der Josefstadt hat man seit eh und je gewohnt; hier hatte schon immer das geistige Leben sein Zuhause.
Von den vielen Künstlern, Dichtern und Musikern, Wissenschaftlern und Politikern seien die bedeutendsten Persönlichkeiten angeführt, die mit der Josefstadt verbunden waren.
In den siebziger Jahren des 18. Jahrhunderts lebte in der Piaristengasse 1 der Barockmaler und Freskant Franz Anton Maulpertsch bis zu seinem Tode, 1796; um diese Zeit erwarb der Buchdrucker und Verleger Johann Thomas Trattner, ab 1764 Edler von Trattern, die Laumbergsche Realität in der heutigen Piaristengasse, nachdem er, von Maria Theresia dazu beauftragt, die ersten Schulbuch-Auflagen verlegt hatte und vermögend geworden war. In dem neuen Haus brachte der vielseitige Geschäftsmann seine Druckerei und Kupferstecherei, Schriftschmiede und -gießerei sowie die erste Schulbuchhandlung unter.
Trattern, ein Günstling Maria Theresias, erhielt unter anderem das Privileg, daß nur er allein Lettern aus dem Ausland beziehen durfte, was anderen Buchdruckern untersagt war; sie mußten ihren Bedarf bei Trattern decken.
Durch die Errichtung einer Kupferdruckerei und Buchbinderei vereinigte Trattern alle Zweige zur Herstellung der von ihm verlegten Bücher. Trattern gelang es, hervorragende Werke, die sonst nur aus dem Ausland bezogen werden konnten, zu verlegen, wofür ihm auch Privilegien für den ausschließlichen Verkauf im ganzen Reich erteilt wurden.
Die Druckerei wurde 1763 von Kaiser Franz I. anläßlich seiner Spazierfahrt in die Josefstadt besucht, wobei der Monarch seine Bewunderung über die faszinierende Einrichtung zum Ausdruck brachte.
Trattern, der 1798 starb, zog sich in seinen letzten Lebensjahren durch skrupelloses Nachdrucken heftige Gegner zu.
In den sechziger Jahren des 19. Jahrhunderts wurden Trattners Besitzungen ärarisch. Hier richtete man das Militärbettenmagazin ein, in dem um die Jahrhundertwende die Druckerei für das Militärgeographische Institut untergebracht wurde.

Johann Baptist Wallishauser hießen drei Generationen der berühmten Buchdrucker- und Verleger-Dynastie, die noch heute durch ihre Grillparzer- und Nestroy-Ausgaben bekannt ist.

Das ehemalige k. k. Bettenmagazin.

Der angesehene Komiker Carl Blasel führte mehrere Jahre lang mit Johann Fürst das Fürst-Theater im Prater.

1812 wurde in der Wickenburggasse 7 der berühmte Maler Carl Rahl geboren, der bereits in jungen Jahren das Hochaltarbild »Vermählung Mariä« und das Bild »Hl. Josef von Calasanza« für die Piaristenkirche malte.
1819/20 wohnte Ludwig van Beethoven in der »Goldenen Birne« in der Auersperggasse 3, damals am Glacis, und schrieb hier das Credo seiner »Missa solemnis«.
Am 29. März 1827 wurde Beethovens Leichnam bei den Minoriten in der Alserstraße eingesegnet; an seinem Begräbnis nahmen viele Wiener teil.
Im Haus »Zum Nagelstock« in der Florianigasse 10 wohnte Emanuel Schikaneder, völlig verarmt, bis zu seinem Tode, 1812. In seiner Glanzzeit besaß er ein Landhaus in Nußdorf, in dem er eigentlich zu sterben wünschte. Schikaneder, der Librettist von Mozarts »Zauberflöte«, gilt als Wegbereiter des deutschen Theaters und der deutschsprachigen Oper in Wien.
Der berühmte Radierer, Lithograph und Historienmaler Josef Karl Russ – er gehörte zu den »echten Originalen Wiens« – wurde in der Josefsgasse 8 geboren (1779), wie 1832 der Volkssänger, Komiker und Schauspieler Josef Matras. Ein Schauspieler, der später mit Johann Fürst ein eigenes Theater im Prater führte.
In der Lenaugasse betrieb der in jener Zeit bekannte Johann Baptist Wallishauser seit 1825 eine Druckerei und hatte auch hier die Konzession als »Büchertrödler«.
In der Lederergasse 5 kam im Jahr 1831 der Komiker der Wiener Lokalposse und nachmalige Theaterdirektor der Josefstadt, Carl Blasel, als Sohn eines Perlmuttgraveurs zur Welt.
In den vierziger Jahren wohnte Friedrich Hebbel in der Lenaugasse 4 und schrieb hier an seinen Trauerspielen »Julia« sowie »Herodes und Mariamne«.
Zu gleicher Zeit erwarb Ignaz Bösendorfer das Haus Lenaugasse 10, dessen 1828 gegründete Klavierfabrik bald Weltruf erlangte. Der 24jährige Ludwig übernahm nach dem Tod des Vaters das Geschäft und errichtete den Bösendorfer Saal im damaligen Liechtenstein-Palais in der Herrengasse, der weit über die Grenzen des Landes hinaus als Treffpunkt der internationalen Musikwelt bekannt wurde.

Der Arzt und später als weltberühmter Diagnostiker bekannt gewordene Univ.-Prof. Dr. Johann Oppolzer erwarb Ende der vierziger Jahre das Haus in der Alser Straße 25, als er als Universitätsprofessor an die Universität Wien berufen wurde. Sein Sohn, der Astronom und Mathematiker Dr. Theodor von Oppolzer, widmete sich ausschließlich der Astronomie und richtete sich in seinem Haus sogar eine Privatsternwarte ein. Diese verschwand später anläßlich eines Umbaues.
Vor Dr. Oppolzer gehörte das Haus der Schriftstellerin Karoline Pichler, die bekanntlich einen der ersten »Wiener Salons« führte, in dem die geistige Elite ihrer Zeit verkehrte. Karoline Pichler schilderte in ihrem bedeutendsten Werk, den »Denkwürdigkeiten aus meinem Leben«, das Wiener Kulturleben ihrer Zeit.
In der Lerchenfelder Straße 8 lebte und starb der Schriftsteller Gerhard von Coeckelberghe-Dützele, besser bekannt unter dem Pseudonym »Realis«, dessen »Curiositäten- und Memorabilien-Lexikon von Wien« (1846) zu einem interessanten Nachschlagewerk wurde.
Der Begründer der physikalischen Diagnostik Josef Skoda besaß das Haus Skodagasse 13 und starb hier (1881); der anerkannte Arzt setzte sich bereits in den siebziger Jahren des vorigen Jahrhunderts für die moderne Tierseuchenverhütung und für den Impfzwang ein. In der Lenaugasse 4 lebte der Arzt Josef Gottfried Ritter von Riedel, der Reformator der Irrenpflege in Österreich, bis zu seinem Tod (1870). Der Arzt ist durch diese Leistung in die Geschichte der Medizin eingegangen. Riedel, der den »Narrenturm« zu einer Pflegeanstalt umwandelte, führte den klinischen Unterricht in die Psychiatrie ein und bemühte sich um die humane Behandlung von Geisteskranken.
Erwähnenswert ist die Errichtung des »Krankeninstitutes Konfraternität«, in den zwanziger Jahren des 19. Jahrhunderts. Bereits 1729 hatten mehrere Handelsgehilfen einen Verein zur Unterstützung und Pflege kranker Handelsangestellter gegründet. Es mußten viele Schwierigkeiten, insbesonders finanzielle, überwunden werden, bis 1834 ein eigenes Areal in der Alservorstadt 280 angekauft werden konnte. Das darauf stehende Gebäude wurde nach Beendigung der Reparaturen und Einrichtung im Mai 1835 seiner Bestimmung übergeben. Das

Philipp Fahrbach dirigierte oft die Bälle in den »Sträußelsälen«.

»Krankeninstitut Konfraternität«, das 1892 durch einen neuen Trakt vergrößert wurde, konnte seinen Ruf als vorbildlich geführtes Spital bis in unsere Zeit wahren.
In der Josefstädter Straße 19 wohnte 1874 einige Monate Gottfried Keller; um diese Zeit lebte der bekannte Maler und Kupferstecher Josef Führich in der Lenaugasse, in jenem Haus, an dessen Stelle seinerzeit eine »Salpeterplantage« stand.
In der Josefstädter Straße 66 starb 1885 der beliebte Komponist und Kapellmeister der »Hoch- und Deutschmeister«, Philipp Fahrbach, in der Anton Wildgans um die Jahrhundertwende seine Jugend verbrachte. 1910 hatte Gustav Klimt sein erstes Atelier in der Josefstädter Straße 21. In der Albertgasse besaß der Industrielle, Großgrundbesitzer und Politiker Nikolaus Dumba ein Haus; 1909-1919 lebte Fritz Lang in der Piaristengasse 28 und Albert Schweitzer zog in die Florianigasse 8. Stefan Zweig lebte in den dreißiger Jahren in der Kochgasse. In der Josefstädter Straße 74 verstarb der 12-Ton-Komponist Josef Matthias Hauer und in der Zeltgasse 14 der Operettenkomponist Edmund Eysler.
In der Skodagasse verbrachte der Mitbegründer der Zweiten Republik und Bundespräsident Dr. Adolf Schärf seine letzten Lebensjahre und verstarb auch hier. In den fünfziger Jahren lebten Heimito von Doderer und Albert Paris Gütersloh in einer gemeinsamen Wohnung in der Buchfeldgasse. Im Gasthaus »Zur Stadt Paris« in der Lenaugasse 1 befindet sich eine Gedenktafel, die daran erinnert, daß Doderer dieses Lokal in seine Erzählung »Ein anderer Kratki-Baschik« einbezogen hat.
Das politische Leben der Zeit Luegers und Schönerers brachte der Herausgeber des »Deutschen Volksblattes«, Ernst Vergani, in die Josefstadt. Vergani, eine schillernde Figur des »Schönerer-Kreises«, selbstbewußt und selbstherrlich, wollte nach der Verhaftung Schönerers in Führungsposition gelangen. Er versuchte auch, die junge Bewegung Schönerers, antisemitisch und antiklerikal, in seinem »Deutschen Volksblatt« entsprechend zu propagieren.
Vergani erwarb knapp vor der Jahrhundertwende das Haus »Zum roten Herzen« in der Josefsgasse 4–6, das dann von den Zeitgenossen »Antisemitenhof« genannt wurde. Vergani setzte sich mit seiner Tageszeitung für Lueger ein. In den zwanziger

Das bekannte Josefstädter Café Eiles, in dem sich besonders in den dreißiger Jahren unseres Jahrhunderts die Wiener Gesellschaft gerne traf.

Gustav Klimt im Garten seines Ateliers in der Josefstädter Straße 21.

Jahren hatte die »Deutsch-österreichische Tageszeitung« ihre Redaktion in diesem Haus als Vorläufer des »Völkischen Beobachters« ... Eine eher makabre Adresse, wenn man bedenkt, daß in jenem Haus jene Aktivitäten begannen, die zwölf Jahre später zur »Kristallnacht« führten, in der auch die seit 1903 bestehende Synagoge in der Lederergasse zerstört wurde.
In der Laudongasse etablierte sich 1903 die Christliche Gewerkschaft unter Leopold Kunschak, Dr. Franz Hemala und Johann Staud. Diese Verbindung ist aus den Katholischen Gesellenvereinen und dem Christlichen Arbeiterverein hervorgegangen. 1945 gründete man im selben Haus den »Österreichischen Arbeiter- und Angestelltenbund«.
Das kulturelle Leben hat in der Josefstadt immer eine besondere Rolle gespielt. Im Café Eiles verkehrten die Literaten ihrer Zeit, einem Kaffeehaus, das noch im 19. Jahrhundert entstanden war und eine für damalige Vorstellungen attraktive Besonderheit hatte: eine Dachterrasse mit schönem Rundblick über Wien. Im »Eiles« traf sich der »Jet-Set« der zwanziger und dreißiger Jahre. (Hier hatten die Nationalsozialisten am 23. Juli 1934 die letzte Besprechung vor dem Putschversuch mit der Besetzung des Bundeskanzleramtes – und dem Mord an Dollfuß.)
In den siebziger Jahren unserer Zeit begann das »Vienna English Theatre« seinen Betrieb in der Lederergasse. Die Räumlichkeiten wurden ursprünglich von der »Neuen Wiener Bühne« (Leitung Franz Rosak) genützt, die sich später »Nestroy-Theater« nannte. Direktor Franz Schafranek und seine Gattin, die amerikanische Schauspielerin Ruth Brinkmann, etablierten im generalsanierten Josefssaal das 1963 von ihnen gegründete englische Theater. 1976 wurde an ihrer Bühne »The Red Devil Battery Sign« von Tennessee Williams uraufgeführt.
In den Räumlichkeiten in der Auerspergstraße 17 eröffnete das »Theater beim Auersperg« seine Pforten, nachdem »Der Grüne Wagen« im Simpl ein neues Zuhause gefunden hatte. Das »Theater beim Auersperg« brachte nicht nur klassische Komödien, sondern auch musikalische Sonderprogramme, Dichterlesungen und Stegreiftheater von Laienspielern.

Einer der alten Wohnhöfe (Piaristengasse 56), die für die Josefstadt noch heute charakteristisch sind.

In der Josefstadt, die mit einer Fläche von 109 Hektar als kleinster Bezirk Wiens gilt, dominieren die Klein- und Mittelbetriebe, die teilweise sogar als Familienbetrieb geführt werden. Hier gibt es keine Industriepaläste, Fabriken oder Großkaufhäuser.

So ist die Josefstadt noch immer ein Bezirk der Beamten, Wissenschaftler, Künstler und Studenten; möge die gern zitierte Feststellung, die Josefstadt sei das »Quartier Latin« von Wien, seine Berechtigung haben; denn in diesem Bezirk gibt es zwölf Studentenheime.

In der Josefstadt fanden die Ereignisse der Zwischenkriegszeit eher geistigen Nährboden in der verbalen Auseinandersetzung verschiedener Weltanschauungen.

Während des Krieges wurde die Josefstadt durch Bombardements arg in Mitleidenschaft gezogen: 782 Gebäude waren mehr oder minder arg beschädigt, 353 Wohnungen total zerstört. Besonders betroffen wurden die Breitenfelder Gasse und der Albertplatz. In den letzten 50 Jahren hat sich dieser Bezirk durch Neubauten und die Revitalisierung alten Baubestandes der modernen Großstadt angepaßt. Das kulturelle Leben bekam mehr Aufwind denn je, und das Kulturgeschehen unserer Zeit hat in der Josefstadt genügend Fixpunkte.

Die Josefstadt ist ein traditionsreicher Bezirk und dies gestattet ihren Bewohnern, traditionsbewußt zu sein: das Überlieferte zu pflegen und die Kunstdenkmäler einer zweihundertjährigen Geschichte zu erhalten.

Trotz aller Modernisierungstendenzen gehört die Josefstadt gerade in unserer realistisch-nüchternen Zeit den Romantikern. Dieser einstige Vorort hat sich bis heute den Nimbus des Vornehmen bewahrt. Auf den stillen Gäßchen und Plätzen und in den Häusern mit den weiten Hinterhöfen und versteckten Gärten, wo die Zeit scheinbar stehengeblieben ist, kann man noch immer der Vergangenheit begegnen. Einer versunkenen Zeit, die der Josefstadt etwas Zauberhaftes gegeben hat.

Die Josefstädter Straße, die ursprünglich Kaiserstraße hieß, hat sich im Wandel der Zeit immer wieder verändert. Hie und da findet man aber auch heute noch alte Häuser, die an eine längst vergangene Vorstadt-Beschaulichkeit erinnern.

Literaturnachweis

Blümel-Gugitz, Alt-Wiener Volksbühnen. Wien 1925
Czeike Felix, Das Große Groner Lexikon. Wien 1977
Kaut-Sackmauer, Die alte Backstube. Wien 1967
Kisch Wilhelm, Die alten Straßen und Plätze von Wien und ihre historisch interessanten Häuser. Wien 1895
Klaar Adalbert, Die Siedlungsformen Wiens. Wien 1971
Realis, Curiositäten- und Memorabilienlexikon von Wien. Wien 1846
Rotter Hans, Die Josefstadt. 1924
Stradal Otto, 3 x Maria Theresia. Wien 1980
Vajda Stefan, Die Belagerung. Wien 1982
Weyr Siegfried, Wien, Zauber der Vorstadt. Wien 1972

Wiener Fremdenblatt vom 29. Mai 1886

»Die Josefstadt«. Schriftenreihe des Bezirksmuseums.

Bildnachweis

Bauer Anton, Das Theater in der Josefstadt zu Wien, Manutiuspresse, Wien-München 1957: 108, 109, 116, 122 o., 149 u.
Bezirksmuseum Josefstadt: 26 o., 29 o.u.u., 45 o.u.u., 52, 54, o.u.u., 55, 60, 64 o.u.u., 65, 74, 75 o., 80, 81, 88 o.u.u., 89 o.u.u., 91, 94/95, 96/97, 112, 122 u., 129, 131 o.u.u., 136, 137, 138, 140 o.u.u., 141, 143 o.u.u., 145 o.u.u., 148, 149 o., 154, 155, 157, 159
Bildarchiv der Österreichischen Nationalbibliothek: 15, 20, 26 u., 70, 85, 152
Historisches Museum der Stadt Wien: 107
Kunsthistorisches Museum: 33
Porzellanmanufaktur Augarten, Wien: 35
Verlagsarchiv: 100, 106, 111, 112, 123, 124
Wiener Stadtbibliothek: 104
Wiener Stadt- und Landesarchiv: 8/9
Wiener Stadtwerke/Gaswerke: 75 u.